mathbu.ch

Arbeitsheft 8

Walter Affolter
Guido Beerli
Hanspeter Hurschler
Beat Jaggi
Werner Jundt
Rita Krummenacher
Annegret Nydegger
Beat Wälti
Gregor Wieland

8

Francesca

D1725963

schulverlag blmv AG, Bern
Klett und Balmer Verlag, Zug

Liebe Schülerin, lieber Schüler

Der math-circuit besteht, wie ein Circuittraining im Sport, aus verschiedenen Posten. Im Sport trainiert man bestimmte Fertigkeiten. Im math-circuit trainierst du die wichtigsten Fertigkeiten des Kopfrechnens. Die zehn verschiedenen Posten sind in drei Bereiche aufgeteilt:

Masseinheiten/Zuordnungen

11 Proportionalität (ab LU 1)
12 Referenzgrössen (ab LU 1)

Zahlen

13 Überschlag: Grundoperationen (ab LU 1)
14 Überschlag: Bruchteile von… (ab LU 1)
15 Mit Brüchen operieren (ab LU 2)
16 Zehnerpotenzen (ab LU 8)
17 Prozente berechnen (ab LU 10)
18 Prozente schätzen (ab LU 10)

Algebra

19 Text – Gleichung (ab LU 4)
20 Gleichungen (ab LU 4)

Die Übungen kannst du beliebig in dein Übungsprogramm einbauen und mit weiteren ähnlichen Aufgaben ausbauen. Die Reihenfolge der einzelnen Aufgaben ist nicht entscheidend. Du kannst auf viele verschiedene Arten üben. Alle Übungen sind so aufgebaut, dass du deine Fertigkeiten sofort kontrollieren kannst.

Im nächsten Schuljahr wirst du im Arbeitsheft des mathbu.ch 9 weitere Übungen zum math-circuit finden.
Alle Übungen zusammen umfassen die wichtigsten Kopfrechenfertigkeiten der Volksschule.
Lege die Übungen des 8. Schuljahres in den Schnellhefter zu den Übungen des 7. Schuljahrs, so dass du sie stets zur Hand hast und mit den Übungen des math-circuit 9 ergänzen kannst.

Protokolliere dein Training. Hast du eine Übung bearbeitet, trägst du das Datum auf dem Übungsblatt ein und notierst, wie sicher du die Übung gelöst hast.

Die Punktzahl beschreibt deine Sicherheit:
4 Ich musste Hilfe holen.
3 Ich musste lange nachdenken.
2 Ich konnte die Aufgaben im Kopf lösen, hatte aber noch einige falsch gelöst.
1 Ich konnte die Aufgaben schnell und richtig lösen.

Datum	Sicherheit

Übungen herstellen

Tabellen herstellen

Du stellst dir eine Übung für eine Fertigkeit zusammen, die du noch nicht so gut beherrschst. Das kann eine der 10 Übungen aus dem math-circuit sein. Skizziere auf Notizpapier eine leere Tabelle. Trage in die eine Spalte Aufgaben ein. Deine Lernpartnerin macht zur gleichen Fertigkeit auch eine solche Tabelle. Tauscht die Tabellen aus, tragt die Ergebnisse ein. Tauscht wieder aus und kontrolliert euch gegenseitig.

Kärtchen herstellen

Gibt es Übungen, die du noch intensiver trainieren solltest? Lege in diesem Fall eine Kartei mit solchen Übungen an. Du brauchst dazu Karten im Postkartenformat oder kleiner.

Vor- und Rückseite

Für jede Aufgabe brauchst du ein Kärtchen. Auf die eine Kärtchenseite schreibst du die Rechnung, auf die andere das entsprechende Ergebnis. Lass die Kärtchen von einer Kollegin oder einem Kollegen kontrollieren.

Mehrere Kärtchen

Für jede Aufgabe brauchst du mehrere Kärtchen. Auf ein Kärtchen schreibst du die Aufgabe. Auf die andern schreibst du mögliche Lösungen oder Zwischenschritte. Notiere die Aufgaben, die Zwischenschritte und die Lösungen auf einem Blatt Papier.

Übungen durchführen

Mit Tabellen arbeiten

Einzelarbeit

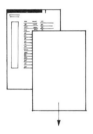

- Du nennst der Reihe nach die Ergebnisse der Aufgaben. Du kannst die eine Seite der Tabelle abdecken. Ziehe die Abdeckung schrittweise nach unten oder nach oben und kontrolliere sofort.
- Du schreibst zuerst alle Ergebnisse auf, anschliessend nimmst du die Abdeckung weg und kontrollierst.

Partnerarbeit

- Du nennst der Reihe nach die Ergebnisse, dein Partner oder deine Partnerin überprüft sofort.
- Du und deine Lernpartnerin schreiben die Ergebnisse einer Übung auf. Anschliessend tauscht ihr aus. Zuerst kontrolliert ihr die Ergebnisse gegenseitig, ohne die Abdeckung zu heben.
- Dein Lernpartner fragt dich in beliebiger Reihenfolge ab. Gleichzeitig deckt er die entsprechende Spalte zu und rechnet mit. Anschliessend deckt er auf und überprüft.

Mit Kärtchen arbeiten

Einzelarbeit

- Mische die Kärtchen. Lege sie auf einen Stapel mit der Rechnung oben. Übe, indem du die Rechnung liest, das Ergebnis berechnest und mit der Rückseite vergleichst. Aufgaben, die du ohne Probleme lösen kannst, legst du weg. Aufgaben, bei welchen du länger überlegen musst, legst du wieder unter den Stapel.
- Mische die Kärtchen. Lege anschliessend die Kärtchen zusammen, die zusammenpassen. Kontrolliere mit dem Lösungsblatt.

Partnerarbeit

Die Arbeit mit Kärtchen kann auch gemeinsam mit einer Lernpartnerin oder einem Lernpartner durchgeführt werden, indem ihr euch gegenseitig kontrolliert.

**Im Bereich Zuordnungen
trainieren.**

Proportionalität (ab LU 1)

Diese Übung kann man mit Kärtchen oder mit Tabellen durchführen. Decke vorne oder hinten ab.
Die Zuordnungen sind proportional.

30 m	in	10 s		50 s	für	150 m
150 m	in	s		10 s	für	m

Datum	Sicherheit

30 m	in	10 s		50 s	für	150 m
150 m	in	s		10 s	für	m

| **12 Stück** | kosten | CHF 24.– | | **Für CHF 60.–** | gibt es | 30 Stück |
| 30 Stück | kosten | CHF | | Für CHF 24.– | gibt es | Stück |

| **4 Stück** | wiegen | 1 kg | | **2.5 kg** | entsprechen | 10 Stück |
| 10 Stück | wiegen | kg | | 1 kg | entsprechen | Stück |

| **2 dm³** | wiegen | 2.5 kg | | **10 kg** | entsprechen | 8 dm³ |
| 8 dm³ | wiegen | kg | | 2.5 kg | entsprechen | dm³ |

| **120 kg** | kosten | CHF 30.– | | **CHF 20.–** | entsprechen | 80 kg |
| 80 kg | kosten | CHF | | CHF 30.– | entsprechen | kg |

| **3 Flaschen** | kosten | CHF 2.70 | | **Für CHF 9.–** | gibt es | 10 Flaschen |
| 10 Flaschen | kosten | CHF | | Für CHF 2.70 | gibt es | Flaschen |

| **3 m³** | wiegen | 7 500 kg | | **250 kg** | entsprechen | 0.1 m³ |
| 0.1 m³ | wiegt | kg | | 7 500 kg | entsprechen | m³ |

| **10 l** | wiegen | 9 kg | | **0.450 kg** | entsprechen | 0.5 l |
| 0.5 l | wiegt | kg | | 9 kg | entsprechen | l |

| **150 Stück** | kosten | CHF 12.– | | **Für CHF 40.–** | gibt es | 500 Stück |
| 500 Stück | kosten | CHF | | Für CHF 12.– | gibt es | Stück |

| **24 km** | in | 12 min | | **50 min** | entsprechen | 100 km |
| 100 km | in | min | | 12 min | entsprechen | km |

| **20 Blatt** | kosten | CHF 2.– | | **Für CHF 50.–** | gibt es | 500 Blatt |
| 500 Blatt | kosten | CHF | | Für CHF 2.– | gibt es | Blatt |

| **5 km** | in | 20 min | | **In 28 min** | werden | 7 km zurückgelegt |
| 7 km | in | min | | In 20 min | werden | km zurückgelegt |

| **5 dm³** | wiegen | 6 kg | | **1.2 kg** | entsprechen | 1 dm³ |
| 1 dm³ | wiegt | kg | | 6 kg | entsprechen | dm³ |

| **0.01 l** | wiegt | 10 g | | **300 g** | entsprechen | 0.3 l |
| 0.3 l | wiegt | g | | 10 g | entsprechen | l |

Im Bereich Zuordnungen trainieren.

Referenzgrössen (ab LU 1)

Diese Übung kann man mit Kärtchen durchführen.

Ergänze zuerst die Tabelle mit Beispielen aus deiner Umgebung.

Hohlmass: Inhalt einer Tintenpatrone	1 ml

Datum	Sicherheit

Längen

Breite meines Daumens	
Länge meines Zeigfingers	
	1 m
	1 km
Höhe des Schulzimmers	
Umfang der Erde	40 000 km

Flächen

Querschnitt eines Zündhölzchens	2 mm²
mein Fingernagel	
meine Handfläche	
	1 m²
	1 a
	1 ha
Fläche der Schweiz	40 000 km²

Hohlmasse

Inhalt einer Tintenpatrone	1 ml
Inhalt eines Esslöffels	2 cl
Inhalt eines kleinen Glases	1 dl
Inhalt einer Tasse	2 dl
Inhalt eines Würfels mit s = 10 cm	1 l

Volumen

Metallkopf einer Stecknadel	1 mm³
Walderdbeere	1 cm³
	1 dm³
	1 m³

Gewichte

Gewicht einer Ameise	1 mg
Gewicht eines Smarties	1 g
Gewicht einer Tafel Schokolade	100 g
Gewicht eines Liters Milch	1 kg
Gewicht eines Kleinwagens	1 000 kg

Geschwindigkeit

Geschwindigkeit eines Wanderers	5 km/h
Geschwindigkeit eines Velofahrers	12 km/h
Höchstgeschwindigkeit Autobahn	120 km/h
Geschwindigkeit Linienflugzeug	900 km/h
	m/s

1 Nebenjobs

Vergleiche jeweils die beiden Inserate für Nebenjobs.

Bei welchem der beiden Nebenjobs könntest du wohl mehr verdienen?

Berechne wenn möglich den Unterschied auch in Prozenten.

A

Suchen Sie einen lukrativen Nebenverdienst?

Bekannte Spielwarenfirma sucht zuverlässige Leute für Kontrollarbeiten.

Pro Monat müssen 100 Einheiten kontrolliert werden. Gesamter Zeitaufwand etwa 35 Stunden.
Verdienst: CHF 8.– pro Einheit.

Melden Sie sich unter Chiffre 23344rw

Supermarkt Saldo

sucht fleissige Helferinnen. Regale auffüllen, kleinere Reinigungsarbeiten etc.

flexible Arbeitszeit, mindestens 15 Stunden pro Woche.
Lohn: CHF 14.–/h

Telefon 333 33 33, Frau Zuber verlangen.

B

Gesucht: Schüler/in

die zweimal pro Woche (Montag und Mittwoch) je etwa drei Stunden auf unsere zwei kleinen Kinder aufpasst.

Stundenlohn: CHF 20.–

Melde dich unter Chiffre 123456789

Nebenverdienst

Die Alterssiedlung Waldesruh sucht junge Leute, die jeweils abends für etwa eine halbe Stunde mithelfen, das Essen zu verteilen. Auch an Wochenenden.

Verdienst: CHF 15.– pro Abend, Samstag und Sonntag 40 % Zuschlag

Zuschriften unter Chiffre 346724444

C

Wir offerieren einen lukrativen Nebenjob

Die Schreinerei H. Finger AG sucht jeweils für Freitagnachmittag junge Leute, die anpacken können: Aufräumen, Wischen etc.

CHF 19.– Stundenlohn
Telefoniere uns: 123 45 67

Aushilfe in Bäckerei gesucht!

Jeweils Mittwochnachmittag.

Stundenlohn CHF 15.– + 5 % Umsatzbeteiligung!

Meldet euch unter Chiffre 20010020

2 In einem Zug

Welche der folgenden Figuren kannst du nachzeichnen, ohne den Bleistift abzusetzen und ohne eine Linie doppelt zu zeichnen?

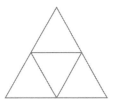   

 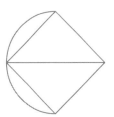 

3 Zeitungen austragen

Auf den Abbildungen siehst du Pläne verschiedener Siedlungen mit Häusern (schwarze Rechtecke) und Strassen (schwarze Linien). Du musst in alle Häuser Zeitungen verteilen.
Welchen Weg wählst du? Spielt es eine Rolle, wo du startest?

A

B

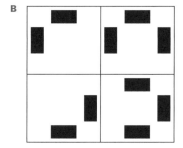

C

D

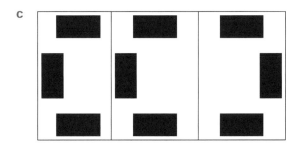 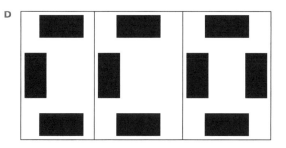

E Schätze bei C und D den Massstab der Pläne. Bestimme die ungefähre Länge deines Weges.
   Um wie viele Meter etwa ist der Weg bei D wegen des zusätzlichen Hauses länger als bei C?

F Gib den Unterschied bei Aufgabe E auch mit Prozenten an.

G Hängt der prozentuale Unterschied vom Massstab ab? Begründe deine Antwort.

4 **Strassen einer Grossstadt**

Hier siehst du einen Ausschnitt aus dem Stadtplan von Manhattan.

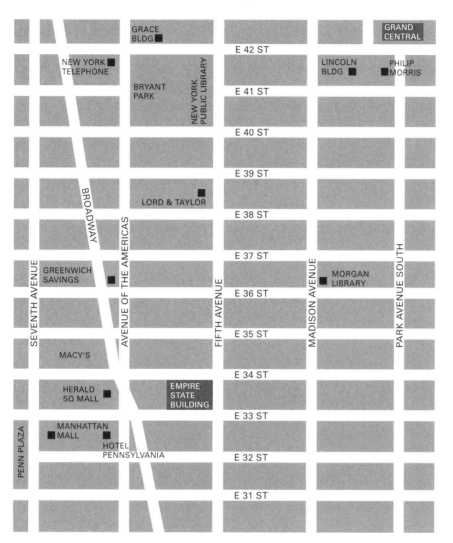

Grand Central

Empire State Building

Suche möglichst kurze Wege vom Bahnhof Grand Central zum Empire State Building. Weil du zu Fuss unterwegs bist, kümmern dich die Einbahnstrassen nicht.

A Vergleiche die Länge deiner Wege.

B Wie viele kürzeste Wege gibt es?

5 **Zustellkosten**

Ein Zeitungsverlag hat eine Auflage von 1 500 Zeitungen, die es täglich zu verteilen gilt.

Der Verlag prüft zwei Möglichkeiten:

I Zeitungsausträgerinnen (mit einem Stundenlohn von CHF 20.–) verteilen im Durchschnitt 30 Zeitungen pro Stunde. Dazu kommen monatliche Mietkosten von CHF 600.– für eine kleine Einstellhalle.

II Das Verschicken der Zeitungen mit der Post kostet 70 Rappen pro Exemplar.

A Berechne für beide Möglichkeiten die Kosten. Wie entscheidet sich der Verlag wohl?

B Um wie viele Prozent müsste die Auflage der Zeitung zurückgehen, damit der Postweg billiger ist?

 Welche Strecke legt eine Briefträgerin oder ein Briefträger im Berufsleben beim Verteilen der Post etwa zurück?

2.3 Vervollständige die Multiplikationstabellen.

·	$\frac{2}{3}$		$\frac{5}{8}$	
			$\frac{15}{32}$	
	$\frac{2}{5}$			
$\frac{1}{3}$		$\frac{2}{15}$		$\frac{3}{10}$
	$\frac{3}{25}$			

·	0.25		0.1
0.5		0.1	
		0.06	
0.1			

2.4 A Berechne die Ergebnisse in den beiden Divisionstabellen.

:	3	$\frac{3}{4}$	$\frac{1}{6}$	$\frac{5}{9}$	$\frac{2}{5}$
2	$\frac{3}{2}$				
$\frac{1}{4}$					
$\frac{5}{8}$					
$\frac{6}{5}$					
$\frac{4}{7}$					

:	2	$\frac{1}{4}$	$\frac{5}{8}$	$\frac{6}{5}$	$\frac{4}{7}$
3	$\frac{2}{3}$				
$\frac{3}{4}$					
$\frac{1}{6}$					
$\frac{5}{9}$					
$\frac{2}{5}$					

B Vergleiche die Ergebnisse der beiden Tabellen. Was fällt dir auf? Warum ist das so? Suche eine Begründung.

3   **Zahlenmauern mit gebrochenen Zahlen**

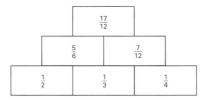

Vervollständige die Zahlenmauern. Es sind verschiedene Lösungen möglich.

A

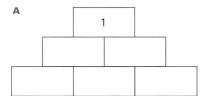

B

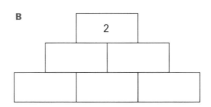

C

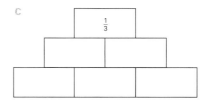

4   **Triff die 1**

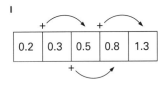

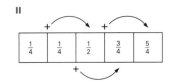

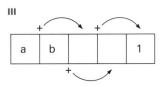

Die beiden ersten Zahlen kann man wählen. Dann wird immer mit der gleichen Regel gerechnet.

A Wie lautet diese Regel?

B Erste Zahl $a = \frac{1}{4}$ · Bestimme die zweite Zahl b so, dass die Zielzahl 1 ist.

C Die erste Zahl ist ein Dezimalbruch, zum Beispiel a = 0.05, 0.1, 0.35, 0.4, 0.02, 0.08. Bestimme nun die zweite Zahl b so, dass die Zielzahl 1 ergibt.

---

5   **Folgen**

5.1

I

$\frac{7}{6} - \frac{2}{3} =$

$\frac{9}{9} - \frac{2}{3} =$

$\frac{11}{12} - \frac{2}{3} =$

$\frac{13}{15} - \frac{2}{3} =$

II

$\frac{1}{3} =$

$\frac{1+3}{5+7} =$

$\frac{1+3+5}{7+9+11} =$

$\frac{1+3+5+7}{9+11+13+15} =$

III

$\frac{1}{2} =$

$\frac{2}{3} + \frac{1}{3} =$

$\frac{3}{4} + \frac{2}{4} + \frac{1}{4} =$

$\frac{4}{5} + \frac{3}{5} + \frac{2}{5} + \frac{1}{5} =$

A Studiere die Folgen dieser Berechnungen. Gib jeweils drei weitere Glieder der Folge an.

B Betrachte bei jeder Folge die Ergebnisse. Stelle eine Vermutung auf und suche nach einer Begründung.

5.2

I

$20 \cdot 5 =$

$20 \cdot 2.5 =$

$20 \cdot 1.25 =$

$20 \cdot 0.625 =$

II

$20 : 5 =$

$20 : 2.5 =$

$20 : 1.25 =$

$20 : 0.625 =$

III

$12 \cdot 6 =$

$12 \cdot 2 =$

$12 \cdot \frac{2}{3} =$

$12 \cdot \frac{2}{9} =$

IV

$12 : 6 =$

$12 : 2 =$

$12 : \frac{2}{3} =$

$12 : \frac{2}{9} =$

A Berechne die Ergebnisse.

B Setze jede Folge um mindestens eine weitere Rechnung fort.

5.3

I

$5 : 4 =$

$2.5 : 2 =$

$1.25 : 1 =$

$0.625 : 0.5 =$

II

$3 : 80 = \frac{3}{80}$

$\frac{3}{2} : 40 = \frac{3}{2} : \frac{80}{2} = \frac{3:80}{2:2} = \frac{3}{80}$

$\frac{3}{4} : 20 =$

III

$4 : 6 = \frac{4}{1} : \frac{6}{1} = \frac{4}{6} = \frac{2}{3}$

$\frac{4}{3} : 2 =$

$\frac{4}{5} : \frac{6}{5} =$

A Berechne die Ergebnisse.

B Setze jede Folge um eine weitere Rechnung fort.

6 Streichquadrate

6.1

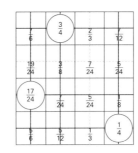
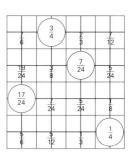

7/6	3/4	2/3	7/12
19/24	3/8	7/24	5/24
17/24	7/24	5/24	1/8
5/6	5/12	1/3	1/4

A Erkläre die Regel für Streichquadrate.

B Berechne die Summe der eingekreisten Zahlen.

C Wähle eine andere Zahl aus und gehe nach der Regel «Streichquadrate» vor. Berechne die Summe der eingekreisten Zahlen.

7/6	3/4	2/3	7/12
19/24	3/8	7/24	5/24
17/24	7/24	5/24	1/8
5/6	5/12	1/3	1/4

7/6	3/4	2/3	7/12
19/24	3/8	7/24	5/24
17/24	7/24	5/24	1/8
5/6	5/12	1/3	1/4

7/6	3/4	2/3	7/12
19/24	3/8	7/24	5/24
17/24	7/24	5/24	1/8
5/6	5/12	1/3	1/4

D Vergleiche die Ergebnisse aus B und C mit der Summe der Randzahlen in der Additionstabelle. Erkläre.

+	2/3	1/4	1/6	1/12
1/2	7/6	3/4	2/3	7/12
1/8	19/24	3/8	7/24	5/24
1/24	17/24	7/24	5/24	1/8
1/6	5/6	5/12	1/3	1/4

E Stelle selber Streichquadrate mit Hilfe von Additionstabellen her und gib sie andern zu lösen.

6.2 Aus dem Streichquadrat kann man auch kleinere Quadrate auswählen.

3/8	7/24	5/24
7/24	5/24	1/8
5/12	1/3	1/4

7/24	5/24
5/24	1/8

A Untersuche, ob das kleine Quadrat auch wieder ein Streichquadrat ist.

B Wie viele Streichquadrate mit neun Feldern kannst du aus dem Streichquadrat in Aufgabe 6.1 bilden?

C Wie viele Streichquadrate mit vier Feldern kannst du aus dem Streichquadrat in Aufgabe 6.1 bilden?

6.3 Stelle selber ein Streichquadrat mit neun Feldern her, bei dem die Summe der ausgewählten Zahlen 1 ergibt.

3.3 Kreuze zu jeder Aussage das zugehörige Beispiel und die Folgerung an. Mache auch ein Kreuz bei der zugehörigen Darstellung an der Zahlengeraden. Dabei bedeutet Z das Ergebnis der entsprechenden Rechnung.

Aussage	Beispiel	Folgerung	Zahlengerade
Wenn wir eine positive Zahl addieren ...	☐ 3 + (+4) ☐ 3 + (−4) ☐ 3 − (+4) ☐ 3 − (−4)	☐ wird das Ergebnis grösser ☐ wird das Ergebnis kleiner ☐ bleibt das Ergebnis gleich	
Wenn wir eine negative Zahl addieren ...	☐ 3 + (+4) ☐ 3 + (−4) ☐ 3 − (+4) ☐ 3 − (−4)	☐ wird das Ergebnis grösser ☐ wird das Ergebnis kleiner ☐ bleibt das Ergebnis gleich	
Wenn wir eine positive Zahl subtrahieren ...	☐ 3 + (+4) ☐ 3 + (−4) ☐ 3 − (+4) ☐ 3 − (−4)	☐ wird das Ergebnis grösser ☐ wird das Ergebnis kleiner ☐ bleibt das Ergebnis gleich	
Wenn wir eine negative Zahl subtrahieren ...	☐ 3 + (+4) ☐ 3 + (−4) ☐ 3 − (+4) ☐ 3 − (−4)	☐ wird das Ergebnis grösser ☐ wird das Ergebnis kleiner ☐ bleibt das Ergebnis gleich	

3.4 Führe mit einem Taschenrechner Additionen und Subtraktionen wie in Aufgabe 3.2 durch. Welche Tasten benötigst du in welcher Reihenfolge?

3.5 Berechne. Wenn du unsicher bist, kannst du mit dem Taschenrechner kontrollieren.

A　18 + (6 + 11)　　　　　　　B　18 − (6 + 11)　　　　　　　C　18 + (6 − 11)

D　18 − (6 − 11)　　　　　　　E　18 − (−6 + 11)　　　　　　F　18 + (−6 − 11)

G　−18 + (11 −6)　　　　　　H　18 − (−11 + 6)　　　　　　I　−18 − (−6 − 11)

J　18 + 2(6 − 11)　　　　　　K　18 + 2(6 + 11)　　　　　　L　18 + 2(11 − 6)

3.6 Berechne die Terme in Aufgabe 3.5 mit andern Zahlen.
Ersetze: 6 durch 16 und 11 durch 21.

1

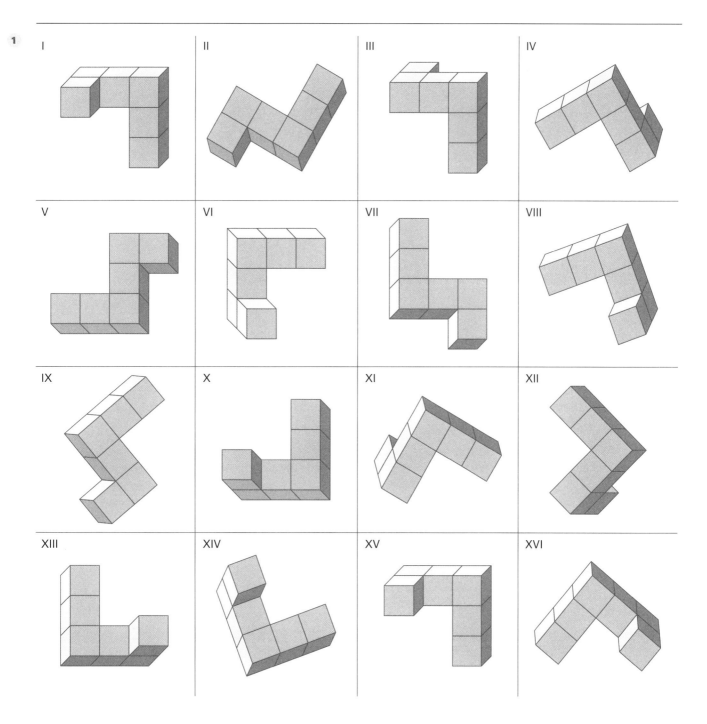

Die sechzehn Würfelbauten zeigen nur drei unterschiedliche Objekte.

Welche Bilder zeigen das gleiche Objekt? Zur Überprüfung kannst du die Objekte nachbauen.

2 Drei gleichseitige Dreiecke lassen sich zu einem «Mantel» formen, sodass sie zusammen mit dem Boden eine regelmässige Dreierpyramide bilden. Du kennst den Körper schon unter dem Namen Tetraeder.

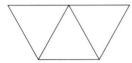

40 mm

Für den Bau des Mantels eignet sich das folgende Netz:

A Welcher Körper entsteht, wenn der Mantel aus vier gleichseitigen Dreiecken besteht?

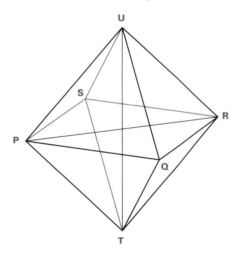

B Geht es auch mit fünf oder sechs gleichseitigen Dreiecken?

3 In der Aufgabe 5 der Lernumgebung habt ihr Pyramiden hergestellt (Restteile beim Herausschneiden eines Tetraeders aus dem Würfel mit Kantenlänge 40 mm). Acht solche Teile lassen sich zu einem regelmässigen Oktaeder zusammensetzen.

U

S

R

P

Q

T

A Wie lang sind die Kanten des so gebauten Oktaeders?
B Wie lang ist die Strecke von der Ecke vorne links (P) zur Ecke hinten rechts (R)?
C Wie lang ist die Strecke von der Ecke oben (U) zur Ecke unten (T)?
D Welche Besonderheit hat das Viereck PTRU?

4 **Tetraeder mit Kantenmitten**

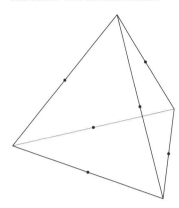

A Verbinde jede Kantenmitte mit jeder Mitte auf den vier Nachbarkanten. Dabei entsteht ein Kantenmodell eines Körpers. Achte darauf, dass du verdeckt laufende Kanten gestrichelt zeichnest.

B Wie viele Kanten hat der neue Körper?

Wie viele Ecken?

Wie viele Seitenflächen?

C Beschreibe den Körper. Nenne auch seinen Namen.

D Wenn du noch die vier kleinen Eck-Tetraeder herstellst, hast du ein Raum-Puzzle für ein grosses Tetraeder.

Aus den Pyramiden, die du bei Aufgabe 5 der Lernumgebung gebaut hast, kannst du das «Herzstück» des grossen Tetraeders zusammensetzen.

5

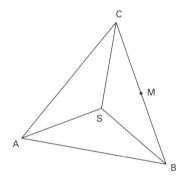

Stelle ein Tetraeder auf den Tisch und betrachte es senkrecht von oben. Konstruiere nun das Dreieck ASM in wahrer Grösse. M ist Mitte von BC. In der Konstruktion sieht man die Höhe des Tetraeders. Sie ist gleich lang wie die Höhe durch S im Dreieck ASM.

Berechne die Tetraeder-Höhe, wenn die Kantenlänge des Tetraeders 4 cm beträgt.

6 Stellt aus mehreren gleichseitigen Dreiecken mit Seitenlänge 40 mm alle möglichen Körper zusammen.

Sie sollen folgende Bedingungen erfüllen:

– Die Körperoberfläche besteht aus maximal 12 Dreiecken.

– Liegt der Körper in irgendeiner Lage auf dem Tisch, darf er diesen nur in einer einzigen Dreiecksfläche berühren.

– Der Körper darf keine «einspringenden Ecken» haben.

Skizziert und beschreibt die gefundenen Körper.

7 Beschreibe, skizziere oder baue Körper, die aus maximal 6 Flächen zusammengesetzt sind. Als Bauteile sind erlaubt: gleichseitige Dreiecke, gleichschenklige Dreiecke, Quadrate und Rechtecke mit den unten notierten Massen.

  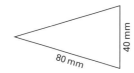 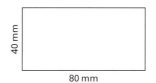

8

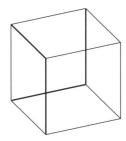 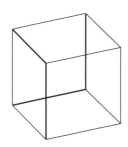 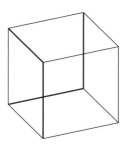

Betrachte das Würfelbild. Was scheint nicht zu stimmen? Weshalb springt das Bild um?

Kannst du durch Ausziehen einzelner Linien am Würfel links und durch Schraffieren am Würfel rechts das Umspringen verhindern? Lass den Würfel in der Mitte zum Vergleich unverändert.

9 Was siehst du in diesen Bildern?

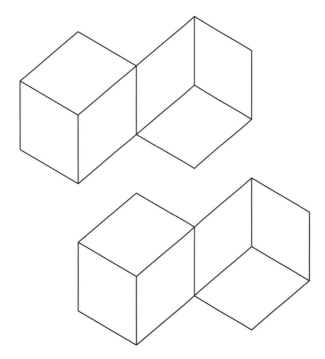

Versuche durch Schraffieren deutlich zu machen, was du siehst.
Vergleicht eure Darstellungen.

10 Beschreibe bei jeder Figur, was du siehst. Vielleicht springt die Figur um. Ist sie vor oder nach dem Umspringen korrekt? Was stimmt nicht?

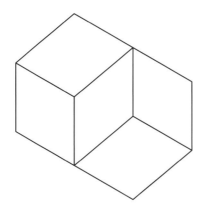

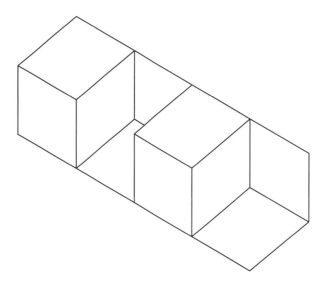

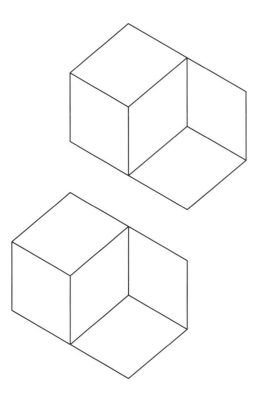

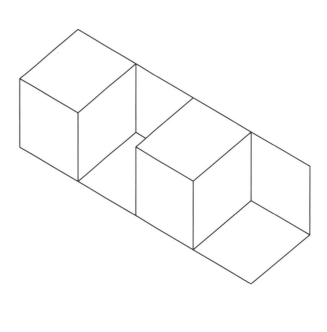

11 **Optische Paradoxa**

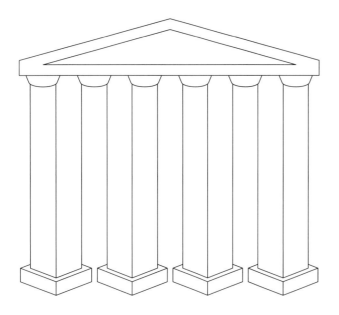

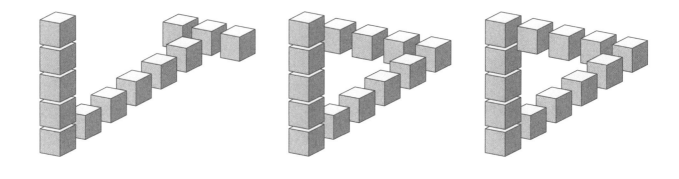

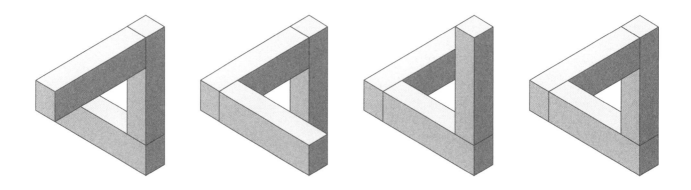

1 **Winkel messen**

1.1 Markiere im «Gerüst» des Bildes mit drei Farben je sechs gleich grosse Winkel.

1.2 Im «Gerüst» sind die beiden Achsen blau gezeichnet, der Rand dick, die Parallelen mit dünnen Strichen. Welche verschiedenen Winkelgrössen misst du

   A zwischen Rand und Achsen?

   B zwischen Rand und Parallelen?

   C zwischen Achsen und Parallelen?

1.3 Die zwei Achsen bilden rechte Winkel. Deshalb kannst du mit den Resultaten von 1.2 C die Winkel an der Spitze der weissen Felder berechnen. Rechne aus und miss nach.

Das Gerüst des Bildes

2 Dreiecke konstruieren

2.1 Bestimme im Gerüst unten die Seitenlängen und die Winkelgrössen der vier Dreiecke.

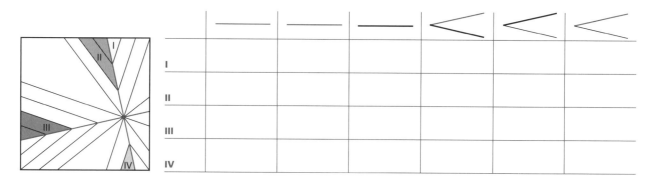

I						
II						
III						
IV						

Die Dreiecke I und III stimmen in allen Winkeln überein. Sie haben die gleiche Form.

Die Dreiecke I und IV stimmen in allen Seiten und Winkeln überein. Sie haben die gleiche Form und die gleiche Grösse: Sie sind zueinander kongruent (deckungsgleich).

Um ein Dreieck eindeutig konstruieren zu können, muss man aber nicht alle Seiten und Winkel kennen. Es genügen zum Beispiel

3 Seiten   **2 Seiten und der Winkel dazwischen**   **2 Winkel und die Seite dazwischen**

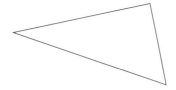  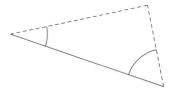

2.2 **A** Wähle aus der Figur nebenan eines der Dreiecke I – XI.

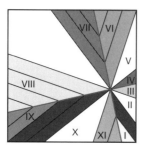

Suche es im «Gerüst» auf der vorherigen Seite. Miss die drei Seiten. Konstruiere das Dreieck auf einem separaten Blatt nach. Kontrolliere, ob es das Original genau deckt.

B Konstruiere ebenso ein Dreieck, indem du zwei Seiten und den Winkel dazwischen misst.

C Konstruiere ebenso ein Dreieck, indem du zwei Winkel und die Seite dazwischen misst.

2.3 Lasse dir von jemandem drei Bestimmungsstücke (Seiten oder Winkel) von einem der Dreiecke I – XI aus dem «Gerüst»
geben. Die Nummer vernimmst du nicht.
Konstruiere das Dreieck.
Suche das entsprechende Dreieck im Gerüst.

2.4 Einige dich mit anderen auf drei Bestimmungsstücke eines Dreiecks. Konstruiert das Dreieck.
Vergleicht, ob sich eure Dreiecke decken.

3 Trapeze berechnen

3.1 Im Bild «entwicklung von zwei bis acht» siehst du oben rechts und links in der Mitte zwei gleiche rote Trapeze.
Färbe sie auch im «Gerüst» rot. Wenn du sie aneinander reihst, entsteht ein Parallelogramm.

so   oder   so

A Wie berechnet man den Flächeninhalt eines Parallelogramms?

B Wie gross ist die rot gefärbte Fläche im «Gerüst»?

3.2 **A** Jetzt kannst du auch sagen, wie gross ein rotes Trapez ist. Begründe.

B Bestimme auch den Flächeninhalt der übrigen Trapeze im Gerüst.

3.3 **A** Im Bild läuft eine schiefe Achse von oben nach unten. Sie zerlegt das Quadrat in zwei Trapeze.
Berechne deren Flächeninhalt (mit den Massen im «Gerüst»).
Kontrolliere, ob die beiden Trapeze zusammen die Quadratfläche ergeben.

B Mache das Gleiche mit den Trapezen, welche durch die andere Achse gebildet werden.

4 Unregelmässige Vielecke

4.1 Im *mathbu.ch 8* hast du die Anteile der neun Farben an der Gesamtfläche geschätzt (Aufgabe 3).
Überprüfe jetzt deine Schätzung rechnerisch.

4.2 Berechne die drei Flächen I, II und III mit den Massen im «Gerüst».

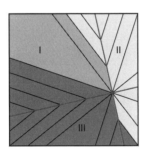 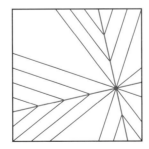

4.3 **A** Einigt euch auf eine gerechtere Verteilung. Die drei Anteile sollen möglichst gleich gross sein.
Die Grenzen müssen aber entlang von Gerüstlinien laufen.

B Berechnet je einen Teil und vergleicht die Ergebnisse.

4.4 Haben die drei etwa gleich grossen Gebiete, die ihr bei 4.3 abgegrenzt habt, auch den gleichen Umfang? Messt nach.

5 **Ein Vexierbild**

Wo steckt in dieser Figur das Bild «entwicklung von zwei bis acht»?

Grenze das Gebiet ein.

Ziehe mit dem Geodreieck die fehlenden Linien.

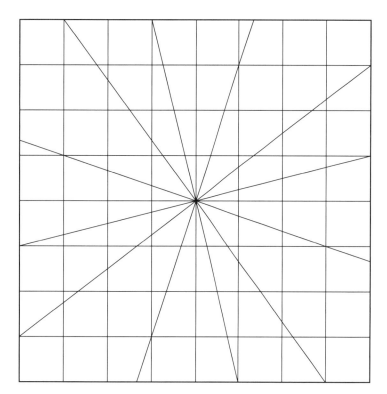

Zum Problemlösen

Was tun, wenn dir keine Ideen kommen?

– Hast du schon einmal ein ähnliches Problem kennen gelernt? Versuche dich zu erinnern.
– Erkläre jemandem das Problem möglichst detailliert.
– Schreibe auf, was du weisst und was du finden musst.
– Stelle das Problem bildhaft dar. Zeichne die Lösung oder einen Teil der Lösung – auch wenn du sie noch nicht kennst.
– Vielleicht triffst du für die Lösung eine Annahme und rechnest rückwärts.
– Notiere dir, was du zusätzlich wissen musst, damit du das Problem lösen kannst.

Die Lösung ist so gut wie deine Darstellung!

– Die Problemstellung ist klar ersichtlich.
– Deine Skizzen, Ideen, Experimente und Annahmen sind verständlich dargestellt.
– Wo du eine Lösung findest, hebst du sie hervor.
– Die Probleme sind nummeriert und/oder mit Datum versehen.

Du legst das Problem beiseite. Hast du an Folgendes auch gedacht?

– Habe ich so dargestellt, dass es auch andere verstehen?
– Habe ich meine Gedanken und Ideen so notiert, dass ich später darauf zurückgreifen kann?
– Welche Gedanken fand ich spannend? Was habe ich herausgefunden?
– Habe ich meine Schlussfolgerungen überprüft?
– Welche Fragen bleiben offen? Was würde ich gerne noch wissen?
– Kann ich meine Ideen oder eventuell meine Lösung jemandem erklären? Oder noch besser: Habe ich sie jemandem erklärt?

---

1 Puzzlegrössen

1.1 Die meisten Puzzler legen zuerst den Rand in der Meinung aus, dass die grösste Arbeit dann noch bevorsteht. In obenstehendem 5 · 8 Puzzle gehören jedoch mehr als die Hälfte der Teile (22) zum Rahmen, während nur 18 im Inneren liegen.
Es gibt zwei Puzzlegrössen, bei denen gleich viele Teile innen und aussen zu liegen kommen. Welche?

1.2 Studiere die Protokollausschnitte einiger Schülerinnen und Schüler aus einer 8. Klasse. Welche Gedankengänge verstehst du?

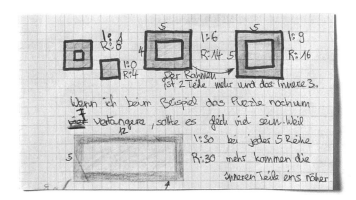

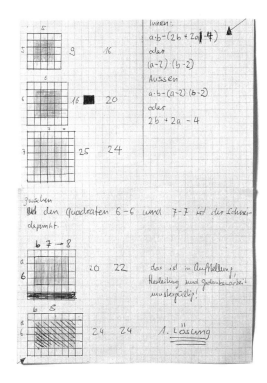

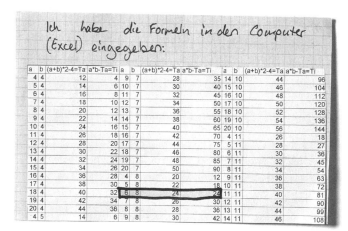

1. Versuch:

Bis hier habe ich probiert und bin auf eine Lösung gekommen. Von jetzt an will ich es genau machen. Ich fahre mit 6 weiter, weil ich nicht denke, dass mit 5 noch ein richtiges Resultat geben würde. 6·4 habe ich schon und 6·6 auch. Bei 6·4 muss es grösser sein und bei 6·6 hätte ich wieder eine 5 drinnen. Also fahre ich mit 6·7 weiter.

2. Versuch:

6·7 ist nicht möglich, weil 22 nicht die Hälfte von 42 ist und es muss die Hälfte sein. 6·8 geht! 48 ist doppelt so gross wie 24.

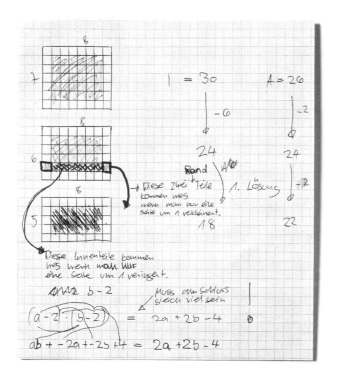

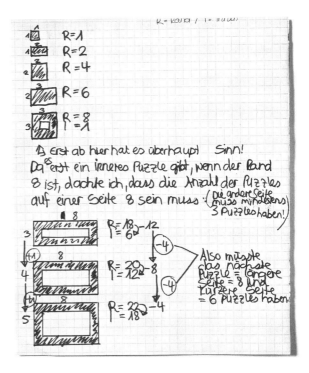

$| = 30$ $A = 26$

24 24

18 22

Rand

1. Lösung

Diese zwei Teile kommen weg, wenn man nur eine Seite um 1 verkleinert.

Diese Innenteile kommen weg wenn man nur eine Seite um 1 verringert.

AHA! $b - 2$

Muss am Schluss gleich viel sein

$(a - 2) \cdot (b - 2) = 2a + 2b - 4$

$ab + -2a + -2b + 4 = 2a + 2b - 4$

R = Rand / i = innen

$R = 1$
$R = 2$
$R = 4$
$R = 6$
$R = 8$

Erst ab hier hat es überhaupt Sinn! Da erst ein inneres Puzzle gibt, wenn der Rand 8 ist, dachte ich, dass die Anzahl der Puzzles auf einer Seite 8 sein muss. (Die andere Seite muss mindestens 3 Puzzles haben!)

$R = 18$ $\to -12$
$i = 6$

$R = 20$ $\to -8$
$i = 12$

$R = 22$ $\to -4$
$i = 18$

Also müsste das nächste Puzzle = längere Seite = 8 und kürzere Seite = 6 Puzzles haben

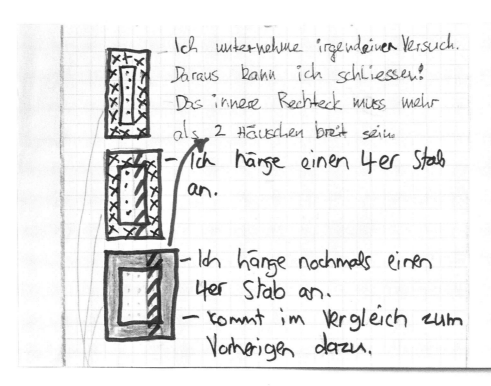

Ich unternehme irgendeinen Versuch. Daraus kann ich schliessen! Das innere Rechteck muss mehr als 2 Häuschen breit sein.

— Ich hänge einen 4er Stab an.

— Ich hänge nochmals einen 4er Stab an.
— kommt im Vergleich zum Vorherigen dazu.

1.3   Wie würdest du das Problem am ehesten lösen?

1.4 Die folgenden Fragestellungen sind einfacher zu knacken, nachdem du die Aufgaben 1.1 bis 1.3 bearbeitet hast

A Ein Puzzle besteht aus 100 Teilen. Die Anzahl Innenteile soll möglichst gross / möglichst klein sein.

B Wie viele verschiedene Puzzles mit genau einem Innenteil gibt es?

C Wie viele Puzzles mit 24 Innenteilen gibt es?

D Wie viele Aussenteile kann ein Puzzle mit 30 Innenteilen haben?

E Finde ein Puzzle, das aus $\frac{1}{3}$ Randteilen und $\frac{2}{3}$ Innenteilen besteht.

F Ist es möglich, dass weniger als $\frac{1}{100}$ eines Puzzles Randteile sind?

G Stell dir vor, man würde untenstehende Tabelle unendlich weiterführen … Würden damit alle möglichen Puzzlegrössen mit mindestens einem Innenteil erfasst?

H Versuche mit Excel selbst eine ähnliche Tabelle herzustellen.

Länge →	3	4	5	6	7	8	9	10	11	12
Breite 3 – Rand	8	10	12	14	16	18	20	22	24	26
innen	1	2	3	4	5	6	7	8	9	10
%	88.9	83.3	80.0	77.8	76.2	75.0	74.1	73.3	72.7	72.2
Breite 4 – Rand		12	14	16	18	20	22	24	26	28
innen		4	6	8	10	12	14	16	18	20
%		75.0	70.0	66.7	64.3	62.5	61.1	60.0	59.1	58.3
Breite 5 – Rand			16	18	20	22	24	26	28	30
innen			9	12	15	18	21	24	27	30
%			64.0	60.0	57.1	55.0	53.3	52.0	50.9	50.0
Breite 6 – Rand				20	22	24	26	28	30	32
innen				16	20	24	28	32	36	40
%				55.6	52.4	50.0	48.1	46.7	45.5	44.4
Breite 7 – Rand					24	26	28	30	32	34
innen					25	30	35	40	45	50
%					49.0	46.4	44.4	42.9	41.6	40.5
Breite 8 – Rand						28	30	32	34	36
innen						36	42	48	54	60
%						43.8	41.7	40.0	38.6	37.5
Breite 9 – Rand							32	34	36	38
innen							49	56	63	70
%							39.5	37.8	36.4	35.2
Breite 10 – Rand								36	38	40
innen								64	72	80
%								36.0	34.5	33.3
Breite 11 – Rand									40	42
innen									81	90
%									33.1	31.8
Breite 12 – Rand										44
innen										100
%										30.6

2   Geschwindigkeit und Bewegung

Wähle aus 2.1 bis 2.8 eine oder zwei Aufgaben und bearbeite sie.

2.1 Sesselbahnen

Rolf fährt mit einer Sesselbahn bergwärts. Während der Fahrt beobachtet er die entgegenkommenden Sessel und stellt Folgendes fest:

Die Sesselbahn ist absolut geradlinig angelegt.

Die Sessel sind fortlaufend nummeriert, auf die Nummer 126 folgt die Nummer 1.

Der Abstand zwischen zwei Sesseln beträgt 30 m.

Rolf kreuzt in der Streckenmitte den Sessel mit der Nummer 5 und genau 1 Minute später den Sessel mit der Nummer 17.

A Wie weit sind Berg- und Talstation voneinander entfernt?

B Welche Strecke legt ein Sessel dieser Bahn in 1 Minute zurück?

C Welche Nummer trägt der Sessel von Rolf?

2.2 Per Rad auf den Berg

Ein Radfahrer fährt mit 20 km/h einen Berg hoch und fährt ohne eine Pause zu machen mit 60 km/h den gleichen Berg wieder hinunter. Wenn man meint, dass er im Durchschnitt 40 km/h schnell gefahren ist, täuscht man sich.

A Wie hoch ist die Durchschnittsgeschwindigkeit tatsächlich?

B Wie schnell müsste der Radfahrer bergauf fahren, damit er die 40 km/h Durchschnittsgeschwindigkeit erreicht?

2.3 Per Rad und zu Fuss

Stell dir vor, du willst mit einer Freundin oder einem Freund eine beträchtliche Distanz zurücklegen. Ihr habt aber nur ein Mountainbike (ohne Gepäckträger) zur Verfügung. Ihr beschliesst, abwechslungsweise zu fahren und zu marschieren. Du legst eine gewisse Strecke mit dem Fahrrad zurück, lässt es am Strassenrand stehen und gehst zu Fuss weiter. Dein Freund oder deine Freundin erreicht das Fahrrad zu Fuss, steigt auf, überholt dich und lässt es wieder stehen... Wenn ihr es auch noch schafft, jeweils mit konstanter Geschwindigkeit zu fahren und zu marschieren und gleichzeitig am Ziel anzukommen, seid ihr ein hervorragendes Team.

Wie lange benötigt ihr für eine Strecke von 20 km, wenn der Fussgänger mit einer Geschwindigkeit von 5 km/h marschiert und die Radfahrerin mit 20 km/h fährt?

2.4 Waldi der Jagdhund

Waldi begleitet seinen Herrn auf die Jagd. Nachdem dieser ein Reh geschossen hat, gehen sie gemeinsam zur 6 km entfernten Hütte zurück. Der Jäger marschiert mit 4 km/h. Waldi rennt mit 12 km/h zur Hütte, macht rechts umkehrt, läuft mit der gleichen Geschwindigkeit zu seinem Herrn zurück, dann wieder zur Hütte, usw. Wie weit läuft Waldi, bis der Jäger in der Hütte ankommt?

2.5 Atlantikfahrt

Jeden Tag mittags fährt ein Dampfer von New York nach Le Havre ab. Zur gleichen Zeit macht sich ein Dampfer der gleichen Schifffahrtslinie von Le Havre nach New York auf den Weg. Die Überfahrt dauert in der einen wie in der andern Richtung genau sieben Tage. Wie vielen entgegenkommenden Schiffen seiner Linie begegnet ein Dampfer, der heute Mittag in Le Havre abfährt?

2.6 Modelleisenbahn

Auf einem parallelen Rundkurs für Modelleisenbahnen kreisen ein Güterzug und ein Personenzug mit regelmässiger Geschwindigkeit. Wenn sie in die gleiche Richtung fahren, überholt der Personenzug den Güterzug alle 60 Sekunden. Fahren sie in entgegengesetzte Richtung, kreuzen sie sich alle 20 Sekunden. Wie viel Zeit benötigt jeder der beiden Züge für eine Runde?

2.7 Rolltreppe

Hugo und Ferdi wollen in die Computerabteilung im 5. Stock eines Warenhauses. Um schneller voranzukommen, steigen sie auf den laufenden Rolltreppen zusätzlich aufwärts. Hugo betritt dabei vom Parterre in den 1. Stock 24 Stufen und ist dabei genau doppelt so schnell oben wie Ferdi, der bloss 8 Stufen betritt. Wie viele Stufen der Rolltreppe sind sichtbar?

2.8 Turbo-Cat

«Turbo-Cat» heisst die Schnellbootverbindung von Hongkong (bis 1997 britische Kolonie) zur etwa 60 km entfernten Halbinsel Macau (bis 1999 portugiesische Kolonie).

Die Fahrzeit beträgt 1 Stunde.

Es werden 30 Minuten zum Aus- und Einsteigen der Passagiere benötigt.

In beide Richtungen soll die erste Abfahrt spätestens um 6.00 Uhr, die letzte frühestens um 23.00 Uhr stattfinden.

Die Schiffe fahren in jedem Hafen im Stundentakt ab.

A Wie viele Schiffe braucht die Betreiberfirma, um den Betrieb möglichst günstig zu gewährleisten?

B Wie sehen die Abfahrtszeiten aus?

1 Der See

Die verzweigte Form des 114 km² grossen Vierwaldstättersees hebt sich von anderen Gewässern der Schweiz ab. Seine Becken sind unterschiedlich tief. Die tiefste Stelle im Urnersee misst 192 m, im Gersauerbecken 214 m, im Vitznauerbecken 151 m, im Kreuztrichter 112 m und im Alpnachersee 35 m. Die gesamte Uferlinie ist etwa 129 km lang. Jede Sekunde fliessen in Luzern ungefähr 100 m³ Wasser aus dem See. Im See sind etwa 12 Milliarden m³ Wasser enthalten.

Markiere zuerst die zur Bearbeitung notwendigen Angaben im Text mit der entsprechenden Farbe.
Berechne anschliessend.

A Blau. Ordne die Seebecken der Tiefe nach.

B Rot. Wie gross ist die Fläche des Vierwaldstättersees? Vergleiche mit der Fläche deiner Gemeinde, deines Kantons oder eines andern Sees.

C Grün. Der einzige Abfluss des Vierwaldstättersees ist die Reuss in Luzern. Wie viel Wasser passiert pro Jahr das Reusswehr in Luzern?

D Gelb. Nach wie vielen Jahren wäre der See leer, wenn kein Wasser mehr zufliessen würde?

E Violett. Wie gross wäre die Fläche eines quadratischen Sees mit einem gleich langen Ufer?

F Orange. Welche Kantenlänge hat ein Würfel, der die gesamte Wassermenge des Sees fasst?

2 Die Bewohner

2.1 A Versuche die in der Lernumgebung abgebildeten Algen und Wassertierchen im Massstab 1000 : 1 zu zeichnen.

B Gib den Durchmesser der Blaualge in Mikrometer an. Wie viele Blaualgen musst du in der Breite aneinanderlegen, bis der Streifen 1 mm breit wird?

C Wie viele Kieselalgen musst du der Länge nach aneinander fügen, um einen 1 cm langen Faden zu erhalten?

Der Limnologe oder die Limnologin (Seenforscher) sammelt Plankton mit einem feinmaschigen Nylonnetz. Ein solches schlauchartiges Netz wird am oberen Rand mit einem Metallring von 36 cm Durchmesser aufgespannt. So entsteht eine Kreisfläche von etwa 0.1 m². Der Forscher versenkt das Netz von seinem Arbeitsboot aus an einem Seil ins Wasser. Er kann es bis auf 100 m Tiefe hinunterlassen. Ein schwerer, unten geschlossener Metallbecher schliesst das untere Ende des Schlauches ab und zieht das Netz nach unten. Der Becher nimmt 1 dl Wasser auf. Beim Hinaufziehen muss das Wasser, welches den Metallring passiert, das Netz durch das Gewebe verlassen und wird filtriert. Die Partikel werden so im Netz gefangen und in den Becher gespült. Auf diese Weise kann der Limnologe eine grosse Menge Partikel im Becher konzentrieren.

2.2 **A** Unterstreiche alle Grössenangaben zum Nylonnetz im Text. Trage diese Grössen in der Abbildung ein.

B Wenn das Netz auf 100 m Tiefe hinabgelassen wird, werden 10 000 l Seewasser filtriert und das darin enthaltene Plankton wird im Metalltrichter aufgefangen. Vergleiche die Konzentration des Planktons im Metallbecher und im Seewasser.

C Wie viele g Plankton sammeln sich im Trichter an, wenn in den gefilterten 10 000 l Seewasser durchschnittlich 1 mg pro Liter vorhanden ist?

3 Das Leben und Sterben

Die Wasserlebewesen beeinflussen sich gegenseitig über die so genannte «Nahrungskette»: Algen bauen ihren Körper mit Hilfe von Sonnenlicht, Kohlendioxyd und mineralischen Salzen auf. Dieser Vorgang heisst «Photosynthese». Rädertierchen sind kleine, Algen fressende Wassertierchen. Sie strudeln ihre Nahrung mit Wimpern in den Mund. Sie werden von grösseren, Fleisch fressenden Wassertierchen, zum Beispiel Ruderfusskrebsen, gejagt. Diese bilden dann die Nahrung für Jungfische, welche ihrerseits von Raubfischen verspeist werden. So ergibt sich eine Nahrungskette.

3.1 Jedes Mal, wenn ein Lebewesen ein anderes frisst, werden ca. 90 % des Futters zur Energieversorgung verwendet. Nur 10 % des Futters werden zum Aufbau des eigenen Körpers eingesetzt. Wenn zum Beispiel ein Rädertierchen wachsen soll, muss es zehnmal so viele Algen fressen, wie es an Gewicht zunehmen will.

Ein Hecht von 15 kg Gewicht steht am Ende der Nahrungskette, nachdem dieser Jungfische gefressen hat, welche sich von Kleinkrebsen ernährten. Diese haben Rädertiere verspeist, welche von Algen lebten. Wie viele Kilogramm Algen standen am Anfang der Nahrungskette?

3.2

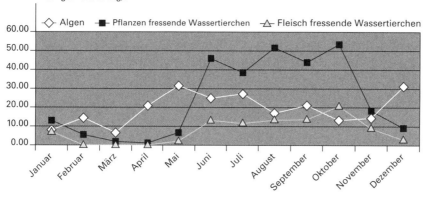

A In welchem Monat nimmt die Konzentration von Pflanzen und Fleisch fressenden Wassertierchen auffallend zu oder ab?

B Begründe, wieso sich Pflanzen und Fleisch fressende Wassertierchen dann besonders gut oder besonders schlecht entwickeln können?

C Fallen dir andere Zusammenhänge auf?

Wie viele Wassertierchen leben etwa im Vierwaldstättersee?

Es regnet in der Zentralschweiz. Wie viele Wassertropfen fallen etwa auf den Vierwaldstättersee?

4.2 **A** Prüfe in dieser Tabelle die Berechnung für den Artikel A nach. Schreibe auf, wie die Angaben für den Nettopreis berechnet werden.

B Berechne nun die fehlenden Angaben bei den andern Artikeln.

Artikel	Angeschriebener Preis in CHF	Rabatt	Nettopreis in CHF
A	80.–	10 %	72.–
B	38.50		30.–
C	450.–	30 %	
D		30 %	450.–
E		20 %	60.–
F		60 %	20.–
G	450 204.–	5 %	

4.3 **A** Prüfe in dieser Tabelle die Berechnungen für die Artikel 01 und 02 nach. Schreibe auf, wie die Angaben «Nettopreis» sowie «Gewinn» oder «Verlust» in Prozenten berechnet werden.

B Berechne nun die fehlenden Angaben bei den andern Artikeln (Preise in CHF).

Artikel	Selbstkosten	angeschriebener Preis	Rabatt	Nettopreis	Gewinn in %	Verlust in %
01	523.–	720.–	10 %	648.–	23.9 %	
02	148.–	180.–	50 %	90.–		39.2 %
03	65.30	99.50	20 %			
04	21.90	32.85	40 %			
05	182.60		30 %	210.–	15 %	
06			30 %	210.–		15 %
07	1 500.–		25 %		20 %	
08	1 500.–		25 %			20 %
09		4.–	40 %		20 %	
10		4.–	40 %			20 %

C Vergleiche die Artikel 05 und 06. Ebenso Artikel 07 und 08. Ebenso Artikel 09 und 10. Was findest du dabei heraus?

D Stelle die Rechnungen für die Artikel 07 und 08 auch durch Balken wie in Aufgabe 4.1 dar.

1   **Ausgaben planen – Budget erstellen**

1.1   Erstellt mit Hilfe dieser Tabelle für beide Familien ein Budget. Ihr könnt euch für die verschiedenen Ausgabengruppen auch aufteilen. Jemand kann zum Beispiel die Kosten für den Haushalt zusammenstellen, jemand für die persönlichen Auslagen usw. Am Schluss müsst ihr zusammen ein Budget aushandeln, bei dem kein Fehlbetrag entsteht.

Tipp: Schreibt mit Bleistift, so könnt ihr immer wieder korrigieren.

	Familie Berger	Familie Jordi
Einkünfte netto pro Monat		
Feste Verpflichtungen		
Steuern	200.–	1200.–
Krankenkasse/Unfall (Grundversicherung)	350.–	530.–
Hausratversicherung/Privathaftpflichtversicherung	30.–	
Telefon/Radio/TV (ohne Internet und Handy)	100.–	
Stromkosten/Gas	60.–	150.–
Fahrkosten	100.–	
Zeitungen, Zeitschriften, Beiträge an Vereine	0.–	50.–
Total Feste Verpflichtungen	840.–	
Haushalt		
Nahrung und Getränke		
Körperpflege, Coiffeur, Wasch-/Putzmittel, Kleider- und Schuhpflege		
Porti, Abfallgebühren, Haustiere		
Total Haushalt		
Persönliche Auslagen		
Eltern: Kleider, Schuhe		
Freizeit, Sport, Kultur		
Kinder: Kleider, Schuhe, inkl. Sportgeräte wie Ski		
Taschengeld		
Total persönliche Auslagen		
Rückstellungen		
Krankheitskosten, Zahnarzt, Brillen und Kontaktlinsen	90.–	
Geschenke, Spenden		
Gemeinsame Freizeit, Schullager		
Unvorhergesehene Anschaffungen		
Total Rückstellungen		
Wohnen, Fahrzeuge, Ferien		
Wohnen		
Auto, Velo		
Ferien		
Total Wohnen, Fahrzeuge, Ferien		
Überschuss/Fehlbetrag		

1.2 Familie Berger möchte ein neues TV-Gerät mit Video kaufen. Die Anlage kostet CHF 1 800.–. Geld steht im Moment keines zur Verfügung. Frau Berger könnte aber einen Kleinkredit aufnehmen und diesen nach einem Jahr mit 13.75 % Zins zurückzahlen.

   A Wie viel Geld muss die Familie nun monatlich sparen, damit sie den Kredit nach einem Jahr zurückzahlen kann?

   B Die Familie könnte das Geld auch in Monatsraten zusammensparen und die Anlage erst in einem Jahr kaufen. Wie viel Geld muss dann monatlich gespart werden können?

   C Welche Budgetposten könnte die Familie Berger insgesamt überhaupt noch um diesen Betrag verkleinern?

   D Wie würdet ihr entscheiden?

2   Lohnerhöhung

Herr Jordi übernimmt in der Bank eine neue Aufgabe und bekommt mehr Lohn. Der Jahreslohn beträgt nun CHF 104 520.–. Somit macht ein Monatsgehalt CHF 104 520.– : 13 = CHF 8 040.– aus. Die Familienzulage, die Kinderzulage und die Prozentsätze bei den Abzügen bleiben gleich.

   A Erstelle die monatliche Abrechnung.

   B Im Dezember werden der 12. und der 13. Monatslohn ausbezahlt. Erstelle die Lohnabrechnung für den Dezember.

   C Wie viel verdient Herr Jordi in einem Jahr netto?

   D Wie sehen diese Lohnabrechnungen ein Jahr später aus, wenn auf dem Jahreslohn ein Teuerungsausgleich von 2,3 % bezahlt wird? (Alle andern Zahlungen und Prozentsätze bleiben unverändert.)

3   Zinsen berechnen

Sparer können ihr Geld bei einer Bank auf ein Sparkonto anlegen. Dafür bezahlt ihnen die Bank Zinsen. Die Bank kann dieses Geld als Hypothek wieder jemandem für den Bau eines Hauses zur Verfügung stellen. Dafür bekommt die Bank den Hypothekarzins.

3.1 In der Tabelle ist dieser Zusammenhang dargestellt.

Sparkonto	Die Bank **bekommt**	Die Bank **bezahlt** dafür
Sparer legen während 3 Monaten CHF 180 000.– an.		Zinssatz = p = $1\frac{3}{4}$ % = 0.0175 Zeit = t = 3 Monate
	Kapital = k = CHF 180 000.–	Zins = z = CHF 787.50

Hypothek	Die Bank **bezahlt**	Die Bank **bekommt** dafür
Hausbesitzer braucht für 3 Monate eine Hypothek von CHF 180 000.–.		Zinssatz = p = $4\frac{1}{4}$ % = 0.0425 Zeit = t = 3 Monate
	Kapital = k = CHF 180 000.–	Zins = z = CHF 1 912.50

   A Das Spargeld ist gar nicht auf der Bank. Wo ist es dann?

   B Ein solcher Kreislauf ist denkbar:

      Eine Bauzeichnerin gibt ihr Geld auf ein Sparkonto.

      Etwas später kommt das Geld als Lohnzahlung wieder zu ihr.

   Schliesse die Lücke in diesem Kreislauf.

   C Wie viel verdient die Bank bei diesem Beispiel?

3.2 Den Zins auf dem Sparkonto in der Tabelle 3.1 kann man folgendermassen berechnen:

Kapital CHF 180 000. –, Jahreszins CHF 3 150. –, Zins für 1 Monat 262.50, Zins für 3 Monate 787.50.

Berechne auf diese Weise den Hypothekarzins in der Tabelle 3.1.

4   Ein Jahr zählt für die Bank nur 360 Tage

4.1 Wenn Banken den Zins für eine Anzahl Tage berechnen müssen, so zählen sie für das ganze Jahr nur 360 Tage.

Beispiel: Für ein Kapital von CHF 1 200.– ist der Zins für die Zeit von 66 Tagen zu berechnen. Der Zinssatz beträgt 7.5 %.

Kapital 1 200. –, Jahreszins 90. –, Zins für 1 Tag –.25, Zins für 66 Tage 16.50

Die Grössen lassen sich durch Variablen so darstellen:

Kapital = k, Zinssatz = p, Anzahl Tage = t, Zins = z

Dann lässt sich der Zins berechnen: $z = \frac{k \cdot p \cdot t}{360} = \frac{1200 \cdot 0.075 \cdot 66}{360} =$ **16.50**

Dem Term sagt man auch «Zinsformel».

A Erkläre, wie die Zinsformel zu Stande kommt.

B Berechne mit der Zinsformel den Zins bei Aufgabe 3.2.

4.2 Berechne in dieser Tabelle die Hypothekarzinsen für den angegebenen Zinssatz und die entsprechende Zeitspanne.

Hypothek = k	Zinssatz = p	t = 3 Monate	t = 5 Monate	t = 9 Monate	t = 10 Monate
120 000.–	3 %				
240 000.–	4.5 %				
480 000.–	6 %				

4.3 Berechne in dieser Tabelle die Zinsen für den angegebenen Zinssatz und die entsprechende Zeitspanne.

Kapital = k	Zinssatz = p	t = 25 Tage	t = 75 Tage	t = 125 Tage	t = 250 Tage	t = 360 Tage
6 336.–	2.5 %					
31 680.–	5 %					
2 112.–	7.5 %					

4.4 Berechne für ein Kapital von CHF 108 000.– den Zins. Der Zinssatz beträgt 4.75 %, die Zeit 25 Tage.

5 Steuern sind fällig

5.1 Es ist Mai und die Steuerrechnung flattert ins Haus. Jordis müssen CHF 14 832.80 Steuern bezahlen. Familie Jordi hat das Geld schon gespart. Wenn Jordis die Steuern Ende Mai bezahlen, so dürfen sie 2 % Skonto abziehen.

    A Was bedeutet Skonto?

    B Herr Jordi will die Steuern sofort bezahlen. Wie viel muss er nun bezahlen?

    C Wie viel bezahlt er, wenn er Ende Dezember bezahlt?

    D Wie viele Prozente vom Jahreseinkommen machen Jordis Steuern aus?

5.2 Frau Berger erhält ebenfalls die Steuerrechnung. Diese beträgt CHF 2 147.30. Frau Berger kann die Rechnung noch nicht begleichen. Sie bezahlt die Steuern zu spät, nämlich statt spätestens auf Ende Jahr erst am 27. Januar im folgenden Jahr. Nun verrechnet ihr das Steueramt für diese Zeit einen Verzugszins. Der Zinssatz beträgt 7 %.

    A Wie viele Prozente vom Jahreseinkommen machen Frau Bergers Steuern aus?

    B Wie viel Verzugszins muss Frau Berger bezahlen?

    C Wie viel Skonto hätte Frau Berger abziehen können, wenn sie Ende Mai bezahlt hätte (vergleiche Aufgabe 5.1)?

    D Wie gross wäre für Herrn Jordi der Verzugszins, wenn er seine Steuern auch erst am 27. Januar des folgenden Jahres bezahlen würde?

Im Jahre 2000 sagte Bundesrat Villiger: «Der Bund hat viel zu hohe Schulden. Wir müssen an jedem Tag im Jahr 10 Millionen Franken an Schuldzinsen zahlen.» Was könnte das bedeuten?

Ein Millionär hat 1 Million Franken auf einem Sparkonto angelegt und will von den Zinsen leben. Er holt an jedem Arbeitstag auf seiner Bank den Zins ab, der gerade aufgelaufen ist. Lässt es sich so leben?

1   **Wurzeln darstellen**

   1.1   Die Figur ist aus rechtwinklig gleichschenkligen Dreiecken aufgebaut.

      A   Berechne die Länge der Strecken a, b, c und d.

      B   Ergänze die Zeichnung mit einem Quadrat der Fläche d^2.

      C   Berechne die Längen der Seiten und der Diagonalen des Quadrates in B.

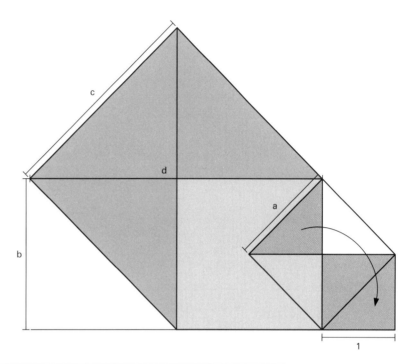

   1.2   **A**   Zeichne die Werte $\sqrt{1}$, $\sqrt{3}$, $\sqrt{4}$, $\sqrt{5}$, $\sqrt{6}$ und $\sqrt{7}$ auf der Zahlengerade ungefähr ein.

      B   Wie verändern sich die Abstände? Notiere deine Feststellung. Begründe sie.

2   **Mit Wurzeln rechnen**

   2.1   Berechne die Wurzeln mit Hilfe der Quadratzahl. Benütze den Taschenrechner nur zur Überprüfung der Ergebnisse.

      A $20^2 =$ $\sqrt{400} =$ $\sqrt{0.04} =$ $\sqrt{40\,000} =$

      B $5^2 =$ $\sqrt{25} =$ $\sqrt{0.25} =$ $\sqrt{25\,000\,000} =$

      C $100^2 =$ $\sqrt{10\,000} =$ $\sqrt{1} =$ $\sqrt{0.01} =$

      D $25^2 =$ $\sqrt{625} =$ $\sqrt{6.25} =$ $\sqrt{62\,500} =$

2.2 Berechne die Wurzeln. Überprüfe mit dem Taschenrechner.

A $\sqrt{2\,500} =$ $\sqrt{4\,000\,000} =$ $\sqrt{100} =$ $\sqrt{6\,250\,000} =$

B $\sqrt{225} =$ $\sqrt{400} =$ $\sqrt{144} =$ $\sqrt{900} =$

C $\sqrt{2.25} =$ $\sqrt{6.25} =$ $\sqrt{20.25} =$ $\sqrt{72.25} =$

D $\sqrt{0.09} =$ $\sqrt{0.16} =$ $\sqrt{0.36} =$ $\sqrt{1.44} =$

2.3 $\sqrt{100} = 10$ und $\sqrt{10\,000} = 100$, aber $\sqrt{1\,000} \approx 32$ und $\sqrt{10} \approx 3.2$

Einige Wurzeln kann man also exakt angeben, andere nur ungefähr. Bestimme folgende Wurzeln möglichst im Kopf.

A $\sqrt{1} = 1$ B $\sqrt{16} =$ C $\sqrt{144} =$

$\sqrt{100} =$ $\sqrt{0.16} =$ $\sqrt{1.44} =$

$\sqrt{10\,000} =$ $\sqrt{1\,600} =$ $\sqrt{14\,400} =$

$\sqrt{10} \approx 3$ $\sqrt{160} \approx 13$ $\sqrt{14.4} \approx 3.8$

$\sqrt{1\,000} \approx$ $\sqrt{1.6} \approx$ $\sqrt{1\,440} \approx$

$\sqrt{100\,000} \approx$ $\sqrt{0.016} \approx$ $\sqrt{0.144} \approx$

2.4   Richtig oder falsch?

A $\sqrt{4} + \sqrt{9} = \sqrt{13}$ □ r □ f   B $\sqrt{2.25} + \sqrt{2.25} = \sqrt{4.5}$ □ r □ f

C $\sqrt{400} - \sqrt{100} = \sqrt{100}$ □ r □ f   D $\sqrt{8} - \sqrt{2} = \sqrt{2}$ □ r □ f

E $\sqrt{1} - \sqrt{\frac{1}{4}} = \sqrt{\frac{1}{4}}$ □ r □ f   F $\sqrt{1} + \sqrt{1} = \sqrt{4}$ □ r □ f

G $\sqrt{25} + \sqrt{25} = \sqrt{100}$ □ r □ f   H $\sqrt{0.5} + \sqrt{0.5} = \sqrt{2}$ □ r □ f

2.5   Stimmen die Gleichungen? Kontrolliere mit dem Taschenrechner.

A $\sqrt{7 \cdot 8} = \sqrt{7} \cdot \sqrt{8}$ □ r □ f   B $\sqrt{7 : 2} = \sqrt{7} : \sqrt{2}$ □ r □ f

C $\sqrt{6 \cdot 24} = \sqrt{6} \cdot \sqrt{24}$ □ r □ f   D $\sqrt{40 : 20} = \sqrt{40} : \sqrt{20}$ □ r □ f

E $\sqrt{10 + 20} = \sqrt{10} + \sqrt{20}$ □ r □ f   F $\sqrt{20 - 10} = \sqrt{20} - \sqrt{10}$ □ r □ f

2.6   Beschreibe deine Erkenntnisse aus Aufgabe 2.4 und aus Aufgabe 2.5 in eigenen Worten.

3   Quadratwurzelfunktion

3.1   **A**   Berechne aus den Quadratflächen die jeweiligen Seitenlängen.

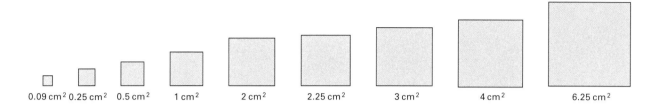

0.09 cm² 0.25 cm²   0.5 cm²   1 cm²   2 cm²   2.25 cm²   3 cm²   4 cm²   6.25 cm²

B   Zeichne die Resultate von A in das Koordinatensystem ein. Der Punkt (6.25/2.5) bedeutet also: Ein Quadrat mit der Fläche 6.25 cm² hat eine Seitenlänge von 2.5 cm.

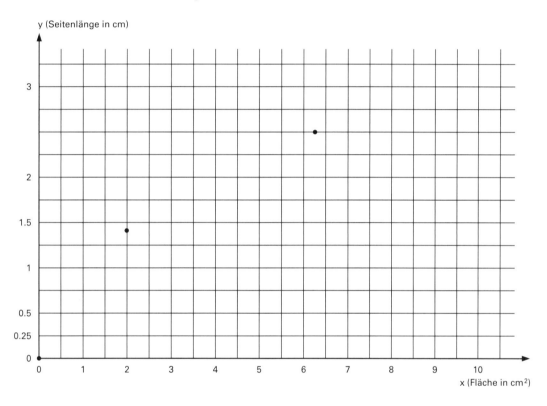

C   Bestimme weitere Punkte. Verbinde die Punkte zu einem Graphen. Beschreibe in Worten den Verlauf des Graphen.

3.2 Die Punkte auf unten stehendem Graphen erfüllen die Gleichung $y = x^2$.

Lies folgende Werte ungefähr ab und kontrolliere (im Kopf oder mit dem Taschenrechner):

A $2^2, 4^2, 6^2, 8^2, 10^2$

B $5^2, 4.75^2, 4.5^2, 4.25^2, 4^2, 3.75^2$

C $\sqrt{100}, \sqrt{90}, \sqrt{80}, \sqrt{70}, \sqrt{60}$

D $\sqrt{5}, \sqrt{15}, \sqrt{25}, \sqrt{35}, \sqrt{45}$

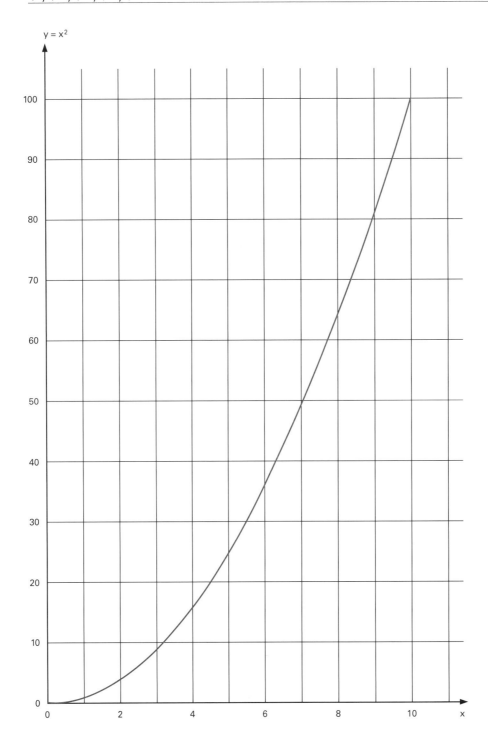

1 Ohne Orientierung kein sinnvoller Überschlag!

1.1 Welche Schätzungen treffen deiner Meinung nach am besten zu? Begründe deine Schätzung. Begründe auch, wenn mehrere Lösungen in Frage kommen.

zu schätzende Grösse		Schätzungen		
A Gewicht eines Brötchens	1 kg	100 g	50 g	5 g
B Volumen eines Tennisballs	100 cm³	1 dm³	500 cm³	6 000 mm³
C Fläche einer Seite des *mathbu.ch*	0.5 m²	600 cm²	3 dm²	60 cm²
D Distanz Zürich – Bern	20 km	130 km	850 km	70 km
E Maximale Fluggeschwindigkeit einer Schwalbe	20 m/s	10 km/h	120 km/h	1 km/min
F Höhe von Obstbäumen	2 m	500 cm	5 m	14 m
G Lebenserwartung eines Hundes	1 Jahr	30 Monate	15 Jahre	80 Jahre
H Länge einer Lokomotive	2 m	1 km	20 m	80 m
I Kriechgeschwindigkeit einer Schnecke	2 cm/h	1 m/h	10 m/h	1 cm/s
J Durchmesser eines Fussballs	50 cm	7 dm	30 cm	0.3 m
K Gewicht eines Fahrrads	75 kg	12 kg	7 000 g	7 kg
L Kosten einer Autofahrt Zürich – Bern retour	150.–	20.–	40.–	500.–
M Maximaltiefe des Bodensees	20 m	200 m	2 km	3 400 m

1.2 Die folgenden Geschwindigkeitsangaben sind durch Schätzen entstanden. Suche Sachverhalte, auf welche die Schätzungen zutreffen könnten.

20 km/h

5 cm/h

10 km/s

80 km/h

40 m/d

300 m/s

2 cm/Monat

1.3 **A** Wie viele Schritte macht ein Spitzenläufer in einem 100-m-Lauf? Deine Schätzung sollte auf etwa 5 Schritte genau sein. Tipp: Wie viele Schritte sind pro Sekunde höchstens möglich?

B Beim 100 m Hürdenlauf der Frauen ist die Distanz vom Start zur ersten Hürde 13 m. Die 10 Hürden sind im Abstand von 8.50 m aufgestellt. Der Auslauf zum Ziel beträgt 10.50 m. Wie viele Schritte macht eine gute Läuferin auf diesen 100 m?

---

2 **«Anders gesagt:...»**

2.1 Welches ist – anschaulich und in Worten ausgedrückt – die Information, die mit den Sätzen A bis G vermittelt wird? Welche Überschlagsrechnung ist auszuführen, um die Information kurz und klar auszudrücken?

Beispiel: Bei einer Wahl erhielt A 3725 Stimmen, 15598 stimmten für B. Sicher ist B gewählt, kurz und recht präzis kann man aber sagen, dass

– B viermal so viele Stimmen gemacht hat oder

– B etwa 80 % der Stimmen erhalten hat oder

– 4 von 5 Stimmenden für B votiert haben.

Die Überschlagsrechnung zu 15598 : 3725 lautet 16000 : 4000 = 4 : 1

A Ein neues Auto braucht für eine Strecke von 482 km Länge 32.5 l Benzin.

B Anna benötigt mit dem Fahrrad 28 min für die 11.5 km lange Strecke.

C Frau Manz bezahlt CHF 220000.– für das Grundstück von 480 m² Grösse.

D Der Quadratmeterpreis ist CHF 580.–, das Grundstück 410 m² gross.

E Frankreich hat 58.7 Millionen Einwohner, die Schweiz 7.3 Millionen.

F China hat 1.2 Milliarden Einwohner, die Welt mehr als 6 Milliarden.

G In einem Auto hat es 5 Sitzplätze, in einem Car 64, in einem Eisenbahnzug 960.

2.2 Mach die folgenden Aussagen mit einer Überschlagsrechnung fertig.

A $\frac{1}{2} + \frac{1}{7} = \frac{2}{9}$ kann nicht richtig sein, denn…

B 28 + 18 + 29 ist weniger als 80, denn…

C Von 10.35 Uhr bis 12.15 Uhr sind es weniger als 2 Stunden, denn…

D 42 % von CHF 297.– sind etwa 40 % von…

E 24 % von CHF 2 348.– sind etwa $\frac{1}{4}$ von…

F Bei einem Gesamtbetrag von CHF 247.– sind CHF 36.– etwa…

G Gesucht ist das Resultat von 36 : 247. Einfach zu rechnen ist…

2.3 Formuliere zu jedem Text in eigenen Worten eine Frage. Beantworte sie mit einer Überschlagsrechnung.

A Zwei MENÜ SURPRISE à CHF 56.–, eine Halbliterflasche Mineral à CHF 5.20, ein halber Liter Wein offen zu CHF 4.10 pro dl, 2x Apéritif à 6.50, 2 Espresso à 3.50.

B Der neue Teppich im Schlafzimmer (4.50 m x 3.80 m): Quadratmeterpreis zugeschnitten CHF 92.–, Transport durch den Handwerker und Wegpauschale CHF 120.–, Verlegen dauert 1.5 h bei einem Tarif von CHF 80/h für den Vorarbeiter und CHF 30.–/h für die Hilfskraft. Zusatzmaterial zum Fixieren des Teppichs etwa CHF 50.–.

C Für die Ferien «10 Tage zu viert auf der Insel Elba»: Die Wohnung kostet CHF 120.– pro Tag. Für das Essen in der Wohnung brauchen wir CHF 10.– pro Tag und Person, ebensoviel für Getränke und Glacé etc.
Das Abendessen im Restaurant macht etwa CHF 25.– pro Person.
Für Taxi und Bus wollen wir CHF 100.– reservieren. Die Bahnreise kostet in der Schweiz CHF 50.– pro Person, in Italien etwa ebenso viel. Für das Schiff muss man mit etwa 2x CHF 25.– rechnen.

D Beim Einkauf: 1 kg Brot, 400 g Rindfleisch, eine Flasche Wein, 1 Salat, 1 kg Rüebli, 1 l Milch, 250 g Kochbutter, zwei Tafeln Schokolade, ein Viererpack WC-Rollen, 1 kg Reis, 1 kg Bananen.

E Zeitplanung: Morgen will ich ein Abendessen für 4 Personen kochen. Ich muss planen, einkaufen, Tisch decken und kochen.

2.4 Bei allen Rechnungen von A – K fehlt beim Resultat der Dezimalpunkt. Mit einer Überschlagsrechnung kann dieser Punkt gesetzt werden. Setze den Dezimalpunkt und notiere deine Überschlagsrechnung.

A 4.26 · 30.6 = 1 3 0 3 5 6

B 17.4 · 0.38 = 6 6 1 2

C 142.8 · 0.75 = 1 0 7 1

D 555.5 · 0.024 = 1 3 3 3 2

E 678.95 · 12.1 = 8 2 1 5 3

F 30.6 : 4.263 = 7 1 7 8

G 17.4 : 0.35 = 4 9 7

H 0.035 : 17.2 = 0 0 0 0 2 0 3

I 142.8 : 0.75 = 1 9 0 4

K 555.5 : 0.024 = 2 3 1 4 5 8 3

2 Fragen, schätzen, berechnen, antworten

2.1 Die Umlaufzeiten gehören zu den fünf Bildern. Ordne sie zu.

720 min   150 min   3 min $\frac{1}{60}$ min $\frac{1}{120}$ min

I

II

III

IV

V

2.2 Formuliere zu den Bildern Fragen, die sich mit Längenschätzungen und Berechnungen beantworten lassen.

Beispiele:

Wie weit kommt der Mann auf dem Dreirad mit einer Pedalumdrehung?

Wie schnell bewegen sich die Gondeln des Riesenrades?

2.3 Suche selber ein Bild von einem Rad oder einer Kreisbewegung. Klebe es hier ein und stelle eigene Berechnungen an.

1 Hier siehst du eine unvollständige Tabelle. Sie zeigt die systematische Veränderung der Würfelansicht eines Kantenmodells.

   A Beschreibe mit eigenen Worten, wie du die gezeichneten Würfel siehst. Beschreibe die Systematik der Tabelle.

   B Zeichne die fehlenden Würfelansichten in die Tabelle ein.

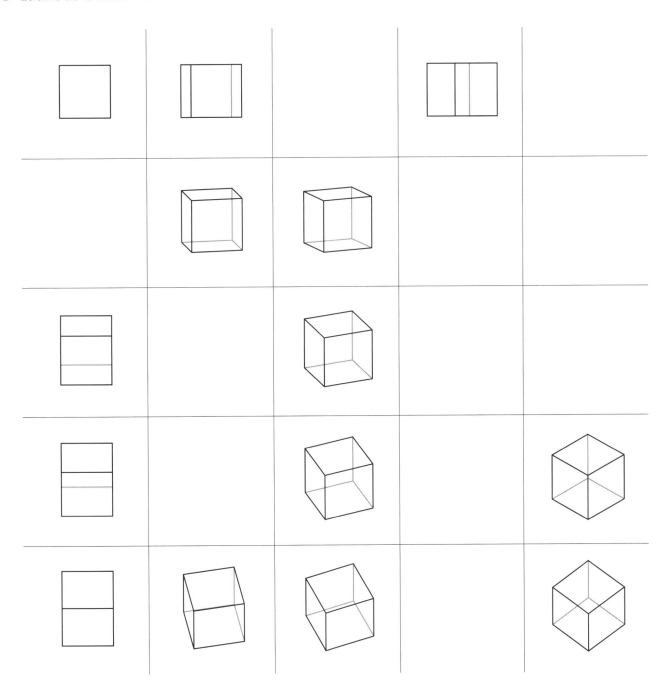

2 Von einem massiven Würfel sieht man gleichzeitig höchstens drei Flächen.

betrachtet von

rechts oben   links oben   rechts unten   links unten

Unten sind vier Würfelansichten eines Kantenmodells skizziert. Durch Ausziehen einzelner Kanten (oder durch Einfärben der Seitenflächen) kannst du bestimmen, von wo der Würfel betrachtet wird. Zeichne alle vier Fälle ein!

betrachtet von

_____   _____   _____   _____

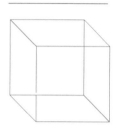 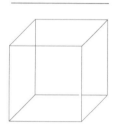 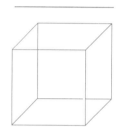 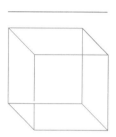

3 Hier siehst du drei Schrägbilder und drei Codes.

A Welcher Code gehört zu welcher Ansicht?

B Nimm die Zahlenangaben in den Codes in cm an. Bestimme die Länge der schrägen Seitenkanten bei den drei gezeichneten Ansichten.

I Code «6_1.5_2.5»   II Code «4_1_2»   III Code «4_2_2»

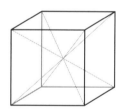 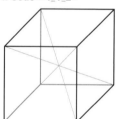 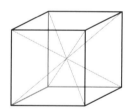

4 **Kürzeste Wege auf der Würfeloberfläche**

  A Zeichne alle kürzesten Wege auf der Würfeloberfläche von A nach G ein.

  B Zeichne alle kürzesten Wege auf der Würfeloberfläche von B zum Mittelpunkt der Kante DH ein.

  C Zeichne alle kürzesten Wege auf der Würfeloberfläche vom Mittelpunkt der Fläche ABCD nach F ein.

  D Begründe, warum es sich in A, B und C jeweils um die kürzesten Wege handelt.

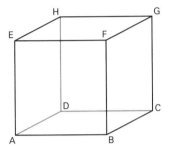 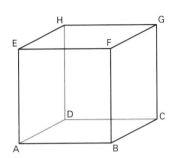 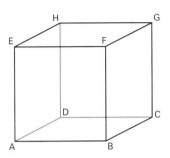

  E Nimm an, die Seitenlänge des Würfels sei 6 cm. Konstruiere die Längen der kürzesten Wege in den Aufgaben **A**, **B** und **C**.

5 Aus wie vielen Würfeln sind die unten stehenden «Gebäude» A bis F (vermutlich) aufgebaut?

Wenn ihr unterschiedliche Ergebnisse erhalten habt, erklärt euch gegenseitig, wie ihr auf eure Anzahl gekommen seid.

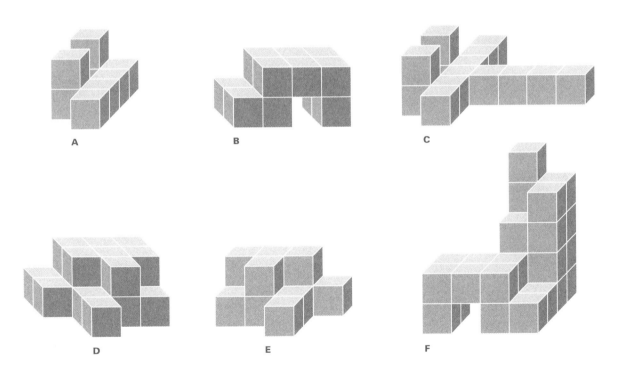

6 Welche der drei Würfelgebäude kann man allein mit Vierlingen dieser Sorte «Ecke» zusammenstellen?

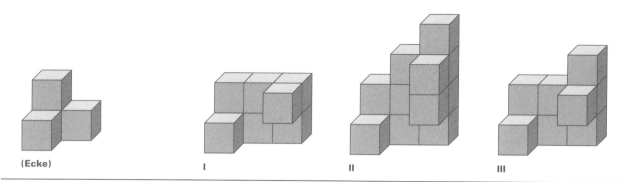

(Ecke) I II III

7 Hier siehst du Schrägbilder aller möglichen Vierlinge.

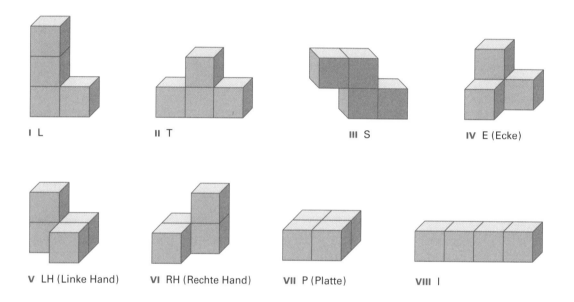

I L II T III S IV E (Ecke)

V LH (Linke Hand) VI RH (Rechte Hand) VII P (Platte) VIII I

A Es ist unmöglich, mit zwei verschiedenen Vierlingen einen Würfel mit der Kantenlänge 2 zusammenzustellen. Begründe dies für jeden der acht Teile einzeln.

B Benutzt man alle acht Vierlinge, so lässt sich ein Quader der Höhe 8 über der 2 · 2-Grundfläche zusammenstellen. Baue einen solchen Quader.

C Baue mit Würfelvierlingen einen Quader der Höhe 4 über der 2 · 2-Grundfläche. Erstelle eine Anleitung (Bauplan, Schrägbild mit geeigneter Färbung), nach der jemand den Quader nachbauen könnte.

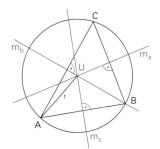

Mittelsenkrechte und Umkreis
Die drei Mittelsenkrechten schneiden einander in einem Punkt, dem Umkreismittelpunkt U.

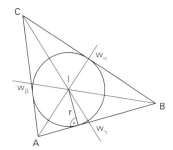

Winkelhalbierende und Inkreis
Die drei Winkelhalbierenden schneiden einander in einem Punkt, dem Inkreismittelpunkt I.

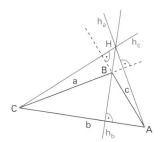

Höhen
Die drei Höhen schneiden einander im Höhenschnittpunkt H.

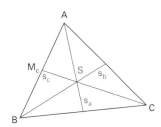

Seitenhalbierende und Schwerpunkt
Die drei Seitenhalbierenden schneiden einander im Schwerpunkt S.

---

1 Gegeben sind zwei Punkte A und B.

Wo liegen alle Punkte, die von A und von B denselben Abstand haben?

· B

· A

---

2 Zeichne ein beliebiges Dreieck ABC. Konstruiere einen Punkt, der von allen Eckpunkten A, B, C gleich weit entfernt ist.

A Wie heisst der gefundene Punkt?

B Geht das auch bei einem Viereck?

3 **A** Gegeben sind drei Punkte A, B und C. Gesucht ist ein Kreis, der durch die drei Punkte geht.

B Finde beim abgebildeten Kreisbogen den Einsteckpunkt des Zirkels.

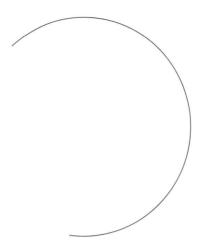

C Kannst du vier Punkte A, B, C und D so finden, dass ein Kreis durch die vier Punkte geht?

4 Zeichne verschieden grosse Kreise auf ein Blatt Papier. Markiere je den Kreismittelpunkt und schneide die Kreise aus.

Lege diese dann so hin, dass sie beide Schenkel des abgebildeten Winkels berühren. Stich mit dem Zirkel oder mit einer Nadel je den Kreismittelpunkt durch.

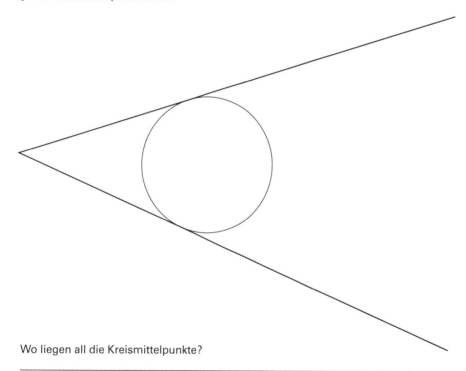

Wo liegen all die Kreismittelpunkte?

5 Zeichne ein beliebiges Dreieck. Konstruiere einen Punkt, der von allen Seiten a, b, c gleich weit entfernt ist.

Wie heisst der gefundene Punkt?

6 Zeichne auf einem Blatt ein möglichst grosses Dreieck.

Konstruiere mit Zirkel und Lineal die Winkelhalbierenden, die Mittelsenkrechten, die Höhen und die Seitenhalbierenden.

Zeichne den Umkreis und den Inkreis.

7 Zeichne ein Dreieck mit den drei Seitenhalbierenden. Der Schwerpunkt unterteilt jede Schwerlinie in zwei Teile.

Miss die Länge dieser Teile.

Was stellst du fest? Vergleicht eure Ergebnisse.

8 Bei diesem Dreieck liegt der Umkreismittelpunkt U gerade auf der Seite a.

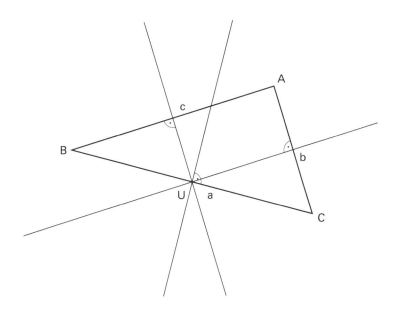

A Welche Eigenschaft hat das Dreieck?

B Hat jedes Dreieck, bei dem U auf einer Seite liegt, diese Eigenschaft?

9 Zeichne ein Dreieck, bei dem der Inkreismittelpunkt und der Umkreismittelpunkt zusammenfallen.

10 Der Eckpunkt C hat im Konstruktionsfeld nicht mehr Platz. Konstruiere trotzdem (ohne Einbezug von C)

den Inkreismittelpunkt und den Höhenschnittpunkt.

Zeichne, falls nötig, eine Planfigur und verfasse einen Konstruktionsbericht.

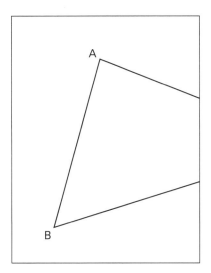
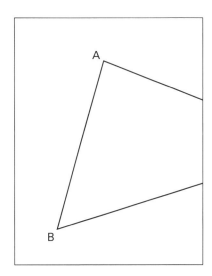

11 In einem Mathematikbuch für die Primarstufe steht folgende Aufgabe:

Finde Zahlen x, y und z so, dass die Summe von je zwei dieser Zahlen gerade gleich gross ist wie die entsprechende Seitenzahl des Rechendreiecks: $x + y = 7$, $y + z = 8$, $z + x = 9$

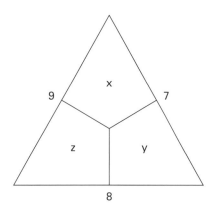

A Finde die gesuchten Zahlen.

B Welche geometrische Bedeutung haben die gefundenen Zahlen?

Hinweis: Konstruiere ein Dreieck mit den Seitenlängen 7, 8 und 9.

12 **Ein Navigationsproblem**

Die Besatzung eines Schiffes hat sich verirrt und kennt die Position ihres Schiffes nicht mehr. Mit Hilfe der Sterne und eines präzisen Winkelmessgerätes (Sextant) kann die Position bestimmt werden. Das Anpeilen eines Sterns führt zu einer Standlinie, die auf der Seekarte eingezeichnet wird. Irgendwo auf dieser Linie befindet sich das Schiff. Das Anpeilen eines zweiten und eines dritten Sterns führt zu weiteren Standlinien, die sich zum Beispiel wegen ungenauer Messgeräte oder Messfehler nicht immer in einem Punkt schneiden. Die Abbildung zeigt eine Seekarte, auf der drei Standlinien eingezeichnet sind.

Welches ist die wahrscheinlichste Position des Schiffes? Begründe!

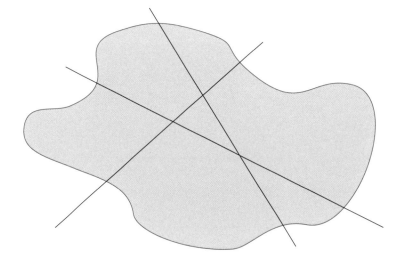

1 Multiplikation und Division

1.1 Rechne und notiere darunter, wie sich die Ergebnisse von Zeile zu Zeile verändern.

A $3 \cdot (+4) =$

   $2 \cdot (+4) =$

   $1 \cdot (+4) =$

   $0 \cdot (+4) =$

   $(-1) \cdot (+4) =$

   $(-2) \cdot (+4) =$

B $3 \cdot (-4) =$

   $2 \cdot (-4) =$

   $1 \cdot (-4) =$

   $0 \cdot (-4) =$

   $(-1) \cdot (-4) =$

   $(-2) \cdot (-4) =$

C $(-5) \cdot (-3) =$

   $(-5) \cdot (-2) =$

   $(-5) \cdot (-1) =$

   $=$

   $=$

   $=$

D $(-3) \cdot (-2) =$

   $(-1) \cdot (-2) =$

   $+1 \cdot (-2) =$

   $=$

   $=$

   $=$

1.2 Rechne und notiere darunter, wie sich die Ergebnisse von Zeile zu Zeile verändern.

A $6 : (-2) =$

   $4 : (-2) =$

   $2 : (-2) =$

   $0 : (-2) =$

   $(-2) : (-2) =$

B $64 : 4 =$

   $64 : 2 =$

   $64 : 1 =$

   $64 : (-1) =$

   $64 : (-2) =$

   $64 : (-4) =$

C $1 : (-1) =$

   $(-1) : (-2) =$

   $(-3) : (-3) =$

   $(-5) : (-4) =$

   $(-7) : (-5) =$

   $(-9) : (-6) =$

1.3 Rechne im Kopf. Kontrolliere mit dem Taschenrechner, wenn du unsicher bist.

·	1.2	0.8	0.2	−0.2	−0.8	−1.2
4		3.2				
2.5						
1						
−0.5						
−2						
−3.5						

1.4 Rechne im Kopf. Kontrolliere mit dem Taschenrechner, wenn du unsicher bist.

:	20	5	2	−2	−5	−20
40		8				−2
25						
10						
−5						
−20						
−35						

1.5 **A** Berechne.

$(+6) \cdot (+3)$ _____ $(+6) \cdot (−3)$ _____

$(+6) : (+3)$ _____ $(+6) : (−3)$ _____

$(−6) \cdot (+3)$ _____ $(−6) \cdot (−3)$ _____

$(−6) : (+3)$ _____ $(−6) : (−3)$ _____

B Wiederhole die Rechnungen mit anderen Zahlen.

C Formuliere Regeln für die Multiplikation und die Division.

2 **Rechnen mit dem Malkreuz**

2.1 Rechne mit dem Malkreuz. Erkläre die Grafiken.

A 18 · 29

·	30	−1	
20	600	−20	580
−2	−60	2	−58
			522

$(20 − 2) · (30 − 1) = 600 − 20 − 60 + 2 = 522$

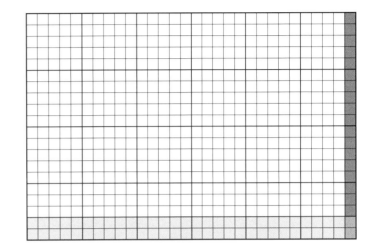

B

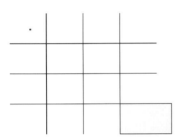

(   ) · (   ) =

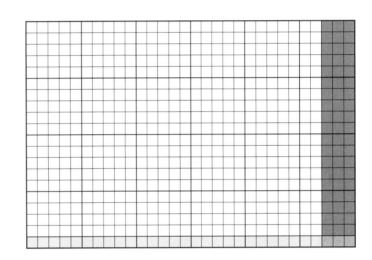

C

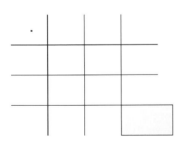

(   ) · (   ) =

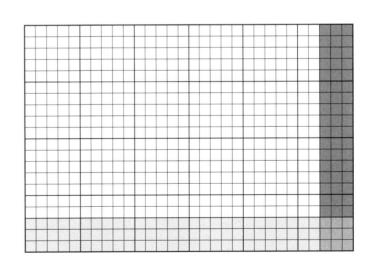

2.2 Berechne die Produkte mit Malkreuz und Klammertermen.

A 29 · 29

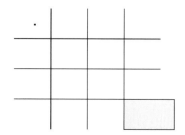

(30 − 1)(30 − 1)

=

=

B 69 · 71

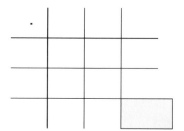

( )( )

=

=

C 59 · 49

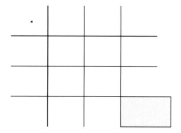

( )( )

=

=

D 97 · 19

( )( )

=

=

1   Pascal'sches Dreieck in Beispielen

1.1   Hier ist ein Spiel ähnlich wie Tetris.

Man füllt ein kariertes Papier von unten nach oben mit einer bestimmten Anzahl von Quadraten auf.

Die Streifen auf dem karierten Papier haben verschiedene Breiten.

Zuunterst muss die Figur immer die ganze Breite einnehmen.

Löcher sind nicht erlaubt. Steht ein Quadrat nicht am Boden, so muss es auf einem anderen Quadrat stehen.

Dann sortiert man die Figuren nach ihrer Breite.

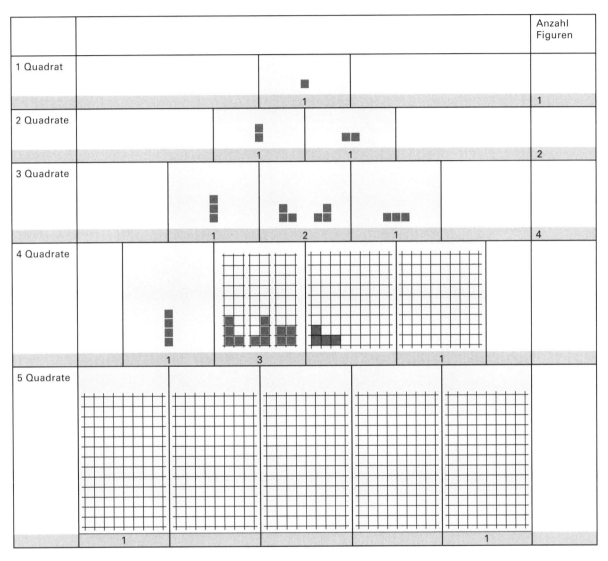

A   Suche die Figuren, die sich mit 5 Quadraten bauen lassen.

B   Zeichne sie in der Tabelle ein.

C   Wie viele Figuren findest du von jeder Sorte? Welche Regelmässigkeit findest du?

D   Wie würde das weitergehen, wenn du mit 6, 7, ... n Quadraten bauen würdest?

1.2 Kinder in einer Familie

In einer Familie lebt 1 Kind. Entweder ist es ein Mädchen oder ein Junge. Es gibt also 2 mögliche Fälle.

Leben in einer Familie 2 Kinder, gibt es schon 4 mögliche Fälle:

Beides sind Mädchen (M, M).

Das Ältere ist ein Mädchen und das Jüngere ein Junge (M, J).

Das Jüngere ist ein Mädchen und das Ältere ein Junge (J, M).

Beides sind Jungen (J, J).

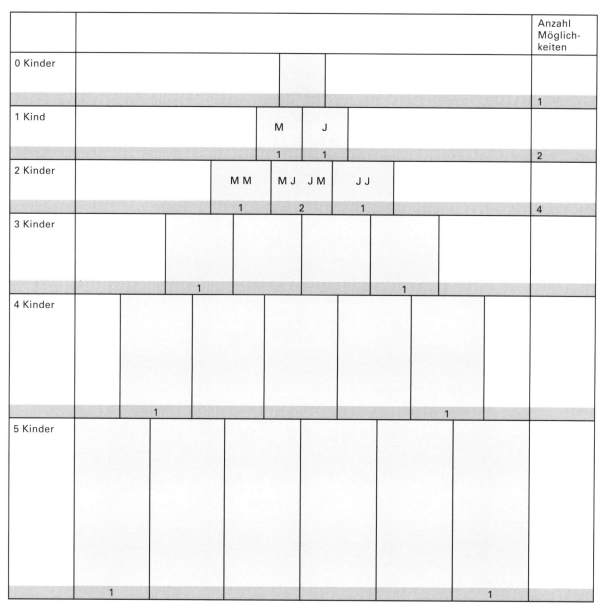

A Ergänze die Tabelle.

B Welche Gesetzmässigkeiten findest du in dieser Tabelle?

C Wie würde die Verteilung in einer Familie mit 6, 7,... n Kindern aussehen?

D Vergleiche mit der Tabelle, die du in 1.1 beim Tetris gefunden hast.

1.3

			10^5	10^4	10^3	10^2	10^1	10^0
$11^0 = (10 + 1)^0$	$= 1 \cdot 10^0$							1
$11^1 = (10 + 1)^1$	$= 1 \cdot 10^1 + 1 \cdot 10^0$						1	1
$11^2 = (10 + 1)^2$	$=$							
$11^3 = (10 + 1)^3$	$=$							

A Ergänze. Schreibe die Resultate in die Stellentafel.

B Vergleiche mit der Aufgabe 1 im *mathbu.ch 8,* Seite 52.

C Vergleiche die Darstellung in der Stellentafel mit den Aufgaben 1.1, 1.2 und 2.1 im Arbeitsheft.

2   **Pascal'sches Dreieck untersuchen**

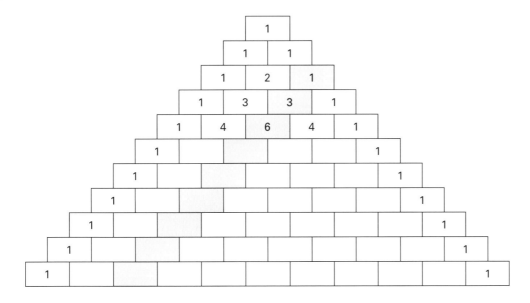

2.1 A Fülle mit der Regel, die du in den Aufgaben 1.1 – 1.3 gefunden hast, das Pascal'sche Dreieck aus.

B Die Zahlen in den schraffierten Feldern heissen auch Dreieckszahlen. Sie heissen so, weil sie sich folgendermassen darstellen lassen:

1. Dreieckszahl = D_1 = 1   2. Dreieckszahl = D_2 = 3   3. Dreieckszahl = D_3 = 6   4. Dreieckszahl = D_4 = 10

C Zeige: Die n-te Dreieckszahl D_n kann so berechnet werden: $D_n = \frac{n}{2}(n + 1)$

2.2 A Addiere im Pascal'schen Dreieck die Zahlen in jeder Zeile. Was findest du?

B Erkläre, warum das so ist.

													Summe in der Zeile
						1							1
					1		1						2
				1		2		1					
			1		3		3		1				
		1		4		6		4		1			
	1		5		10		10		5		1		
1		6		15		20		15		6		1	

2.3 A Addiere die Quadrate der Zahlen in den Zeilen, so wie hier dargestellt.

B Die Resultate kommen ebenfalls in einer senkrechten Reihe im Pascal'schen Dreieck vor. Welche Reihe ist es?

													Summe in der Zeile
						1^2							1
					1^2		1^2						2
				1^2		2^2		1^2					6
			1^2		3^2		3^2		1^2				
		1^2		4^2		6^2		4^2		1^2			
	1^2		5^2		10^2		10^2		5^2		1^2		
1^2		6^2		15^2		20^2		15^2		6^2		1^2	

2.4 Berechne nun die Summen in jeder Zeile. Was findest du?

													Summe in der Zeile
						1							1
					1		−1						0
				1		−2		+1					
			1		−3		+3		−1				
		1		−4		+6		−4		+1			
	1		−5		+10		−10		+5		−1		
1		−6		+15		−20		+15		−6		+1	

3 Binomische Formeln

In der Lernumgebung im *mathbu.ch 8,* Seite 52, hast du die binomischen Formeln hergeleitet.

I $(a + b)^2 = a^2 + 2ab + b^2$ II $(a - b)^2 = a^2 - 2ab + b^2$ III $(a + b)(a - b) = a^2 - b^2$

3.1 A Erkläre an dieser Figur die Formel I.

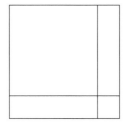

B Berechne mit Hilfe der Figuren.

$63^2 = (60 + 3)^2 = 60^2 + 2 \cdot 3 \cdot 60 + 3^2$	54^2	85^2	$(3x + y)^2$

3.2

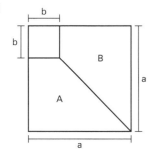 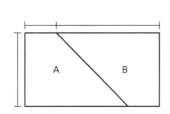

A Berechne in beiden Figuren die Summe der Flächen A + B.

B Begründe so die Formel III.

3.3 Berechne Quadrate von Zahlen, die nahe bei einer Zehnerzahl liegen.

Beispiel: $30^2 = 900$

$31^2 = (30 + 1)^2 = 30^2 + 2 \cdot 30 \cdot 1 + 1^2 = 900 + 60 + 1 = \mathbf{961}$

$29^2 = (30 - 1)^2 = 30^2 - 2 \cdot 30 \cdot 1 + 1^2 = 900 - 60 + 1 = \mathbf{841}$

A Berechne so: 41, 59, 71, 99, 52, 102, 97

B Suche weitere Beispiele und berechne sie.

3.4 Berechne Produkte von zwei Zahlen, die von einer Zehnerzahl den gleichen Abstand haben.

Beispiel: $31 \cdot 29 = (30 + 1) \cdot (30 - 1) = 30^2 - 1^2 = 900 - 1 = 899$

A Berechne so: $51 \cdot 49$, $79 \cdot 81$, $21 \cdot 19$, $101 \cdot 99$, $92 \cdot 88$

B Suche weitere Beispiele und berechne sie.

3.5 Berechne die Quadrate.

I $(a + 1)^2 = a^2 +$ _____

$(a + 2)^2$ _____

$(a + 3)^2$ _____

$(a + 4)^2$ _____

II $(a - b)^2 =$ _____

$(3a - b)^2$ _____

$(6a - b)^2$ _____

$(9a - b)^2$ _____

III $(a + b)^2 =$ _____

$(2a + 2b)^2$ _____

$(3a + 3b)^2$ _____

$(4a + 4b)^2$ _____

3.6 Berechne die Quadrate.

I $(a + 8)^2 = a^2 +$ _____

$(a + 5)^2 =$ _____

$(a + 7)^2 =$ _____

$(2a + 2b)^2 =$ _____

II $(4 - c)^2 =$ _____

$(3 - 2c)^2 =$ _____

$(1 - 4c)^2 =$ _____

$(4a - 5b)^2 =$ _____

III $(4a + 2b)^2 =$ _____

$(a - 5b)^2 =$ _____

$(a + 4b)^2 =$ _____

$(7a + 5b)^2 =$ _____

3.7 Rechne aus.

I $(m + 3)^2 =$ _____

$(z - 9)^2 =$ _____

$(5x + 2y)^2 =$ _____

$(4b - m)^2 =$ _____

II $(x + 3)(x - 3) =$ _____

$(3p - a)(3p + a) =$ _____

$(u + 3)(u - 4) =$ _____

$(2c + b)(2c - 3b) =$ _____

III $(2w + 1)(2w - 1) =$ _____

$(4x - 9y)^2 =$ _____

$(10n + m)^2 =$ _____

$(3x + 2y)(2x - 3y) =$ _____

3.8 Löse diese Gleichungen.

A $(x + 4)^2 + (x - 6)^2 = 2x^2$

B $(2x + 3)^2 = 4x^2 + 45$

C $(5x - 7)^2 = 25x^2 - 21$

D $12 + (x + 6)^2 = x(x - 4)$

E $(5x - 6)(5x + 6) = (3x - 7)^2 + 4(2x + 1)^2 - 89$

F $5(x - 7) + (x - 3)(x + 3) = (x + 4)^2$

1 **Körper zeichnen**

1.1 **A** Zeichne in die Würfel Prismen und Zylinder, deren Volumen du berechnen kannst. Kantenlänge s = 10 cm.

B Gib einen Term für das Volumen deiner Körper an.

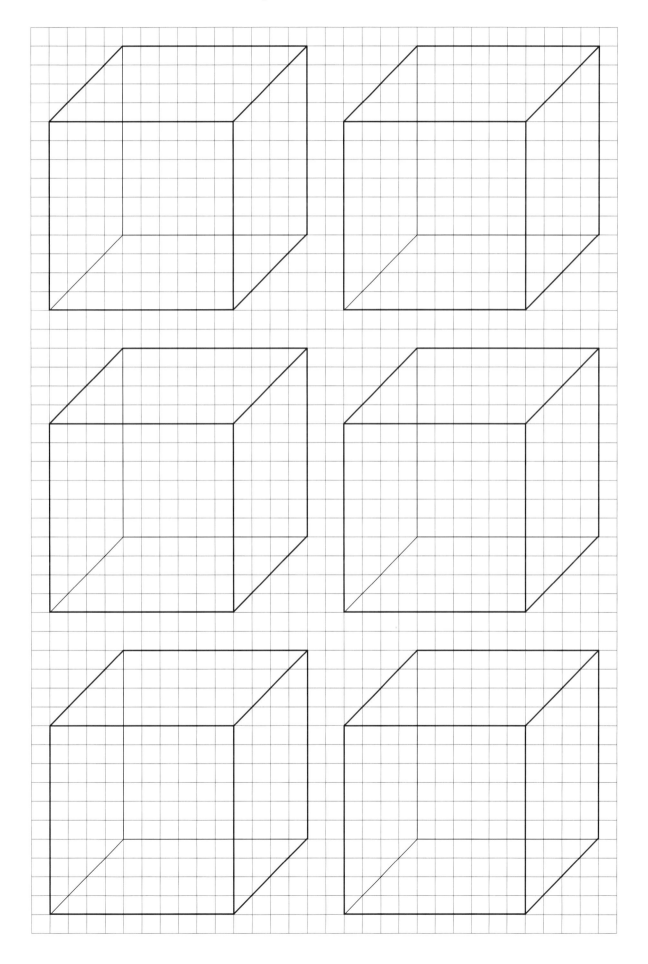

1.2   Skizziere verschiedene Körper. Gib das Volumen jedes Körpers in % des gezeichneten Quaders an.
      Die Markierungen sollen dir beim Skizzieren helfen.

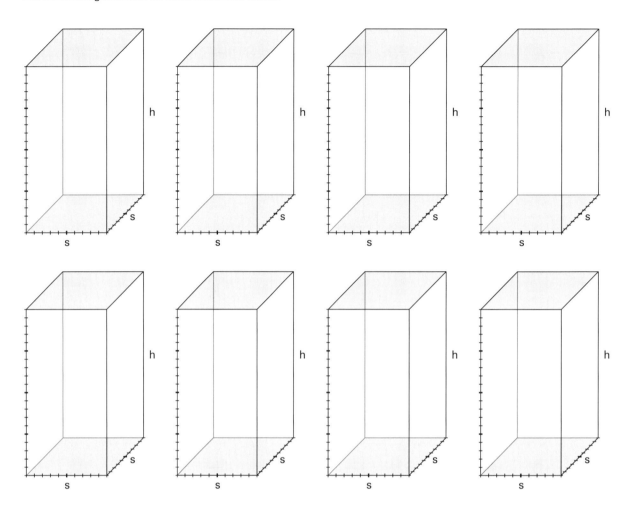

2   Zylinder

2.1   Notiere die Terme für Volumen, Mantelfläche und Oberfläche.

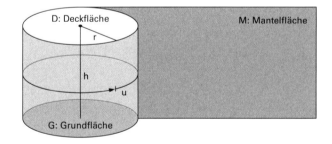

**Der Körper heisst Zylinder (gerader Kreis-
zylinder). Grund- und Deckfläche von Zylindern
sind Kreise mit dem Radius r.**

Volumen (V) =
Mantelfläche (M) =
Oberfläche (S) =

2.2   Richtig oder falsch?

_____   A   Grund- und Deckfläche eines Zylinders sind Kreise.

_____   B   Schnittflächen senkrecht zur Grundfläche sind Rechtecke.

_____   C   Die Mantelfläche eines Zylinders ist ein Quadrat.

_____   D   Die Mantelfläche eines Zylinders ist immer grösser als die Grundfläche.

_____   E   Die Oberfläche eines Zylinders besteht aus drei Kreisflächen.

_____   F   Das Volumen eines Zylinders berechnet sich mit der Formel Grundfläche · Höhe.

_____   G   Zur Berechnung der Grundfläche benötigt man den Radius, den Durchmesser
               und den Umfang des Kreises.

_____   H   Alle Körper mit einer kreisförmigen Grundfläche sind Zylinder.

_____   I   Aus einem Holzwürfel kann man einen Zylinder herstellen.

2.3 Berechne das Fassungsvermögen eines zylinderförmigen Trinkglases.

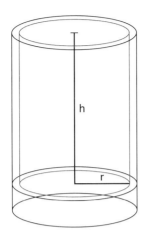

h r	8 cm	7 cm	6 cm	5 cm
2 cm				
2.5 cm				
3 cm				
3.5 cm				

2.4 A Bestimme die fehlenden Grössen von Zylindern. Rechne im Kopf mit π = 3.

r [cm]	h [cm]	G [cm²]	V [cm³]	u [cm]	M [cm²]	S [cm²]
2	8	12		12	96	
3	8			18		198
4	8		384			
	8	75	600			
2	6					
	6	27				162
	6		288	24		
	7	75				

B Welche Grössen kann man direkt aus einer andern berechnen?
Welche Grössen lassen sich aus zwei andern Grössen berechnen?

3 Terme gewinnen

3.1 Gerade Körper.

Berechne bei mindestens zwei Körpern die Grundfläche und das Volumen.

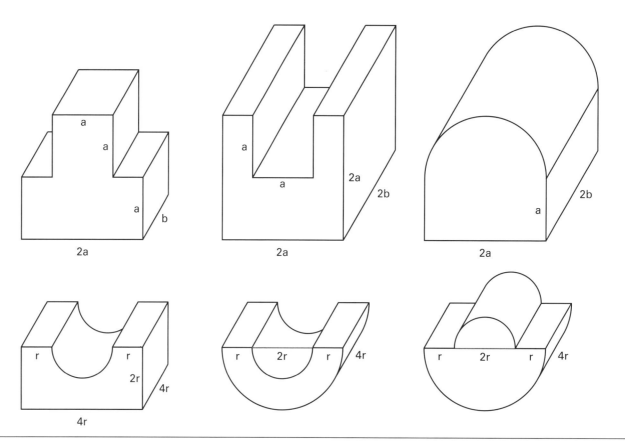

3.2 Zeichne von mindestens zwei Körpern in Aufgabe 3.1 das Netz.

Skizziere, überprüfe, rechne.

1   **Grössen auspacken (Angaben A bis H in cm, I bis K in m)**

1.1   **A**

a   12

Das Rechteck hat 84 cm² Flächeninhalt. Wie breit ist es?

B

b   32

Das Rechteck hat 84 cm Umfang. Wie breit ist es?

C

30   c

Das Dreieck hat 600 cm² Flächeninhalt. Wie breit ist es?

D

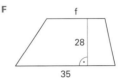

d   45

Das Dreieck hat 720 cm² Flächeninhalt. Wie hoch ist es?

E

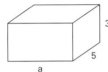

40   e   60

Das Trapez hat 750 cm² Flächeninhalt. Wie hoch ist es?

F

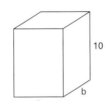

f   28   35

Das Trapez hat 700 cm² Flächeninhalt. Wie lang ist die kürzere Parallele?

G

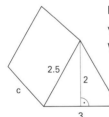

3   5   a

Der Quader hat eine Oberfläche von 270 cm². Wie lang ist er?

H

10   b   8

Der Quader hat eine Oberfläche von 340 cm². Wie breit ist er?

I

2.5   2   c   3

Das «Zelt» hat eine Oberfläche von 26 m² (mit Boden). Wie lang ist es?

K

1.7   1.5   d   1.6

Das «Zelt» hat eine Oberfläche von 12,4 m² (mit Boden). Wie lang ist es?

L   Vergleicht eure Vorgehensweisen und erklärt einander an je einer Aufgabe, was ihr euch beim Lösen überlegt habt.

Die «Windräder» bei 1.2 bis 1.5 haben je vier gleiche Flügel. Sie sind also drehsymmetrisch.

x, y, a, b, c,… bezeichnen Längen in cm. A bezeichnet den Flächeninhalt in cm².

1.2   Berechne die fehlenden Grössen für die Figuren I, II und III und trage die Ergebnisse in der Tabelle ein.

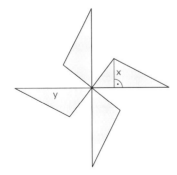

	x	y	A
I	10	24	
II		48	480
III	15		480

1.3 Durch die Wahl der Längen a, b und c können die Form und die Grösse der Figur stark beeinflusst werden.
Beide «Windräder» sind nach dem gleichen Prinzip gebaut, aber a, b und c verhalten sich anders zueinander.

A Berechne die fehlenden Grössen für die Figuren I, II, III, IV und trage die Ergebnisse in der Tabelle ein.

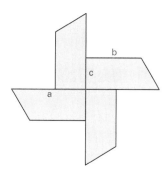

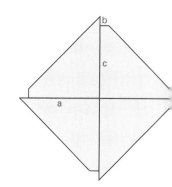

	a	b	c	A
I	20	12	6	
II	20	12		192
III	10		6	384
IV		6	6	384

B Wie könnte die «gleiche» Figur auch noch aussehen?

1.4 **A** Berechne die fehlenden Grössen für die Figuren I – IV und trage die Ergebnisse in der Tabelle ein.

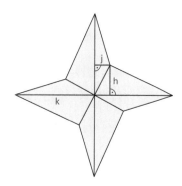

	h	j	k	A
I	8	6	20	
II	8		10	280
III	4	3		280
IV		6	20	280

B Wie wirken sich die Längen h, j und k auf die Gestalt der Figur aus?
Welche dieser Längen können null sein, ohne dass die Figur verschwindet?

1.5 **A** Berechne die fehlenden Grössen für die Figuren I – VI und trage die Ergebnisse in der Tabelle ein.

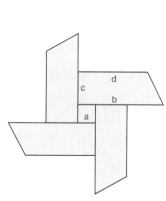

	a	b	c	d	A
I	2	12	3	8	
II		24	6	16	496
III		24	6	16	484
IV	4		3	8	124
V	4	12	3		124
VI	2	10		0	124

B Wie wirken sich die Längen a, b, c und d auf die Gestalt der Figur aus?

2 Geometrische Berechnungen mit Hilfe von Gleichungen

2.1 Zwei Rechtecke haben denselben Umfang. Das linke ist 5 cm länger als breit. Das rechte ist 12 cm lang.
Es ist 2 cm weniger breit als das linke.

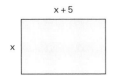

A Verfolge, wie aus diesen Angaben der Umfang berechnet wird.

B Löse in der gleichen Art
das Beispiel 2.3 IV.

Überlegungen, Kommentar	Terme, Gleichungen	
Der Term für den Umfang des linken Rechtecks ist:	x + (x + 5) + x + (x + 5)	_____
Vereinfacht:	4x + 10	_____
Der Term für den Umfang des rechten Rechtecks ist:	(x − 2) + 12 + (x − 2) + 12	_____
Vereinfacht:	2x + 20	_____
Die beiden Umfänge sind gleich:	4x + 10 = 2x + 20	_____
Diese Gleichung lässt sich durch Umformen vereinfachen,		_____
wie du es vom Thema «Verpackte Zahlen» kennst:	−10 ↓ ↓ −10	_____
	4x = 2x + 10	_____
	−2x ↓ ↓ −2x	_____
	2x = 10	_____
	: 2 ↓ ↓ : 2	_____
	x = 5	_____
Der Umfang des linken Rechtecks ist 30 cm.	[5 + 10 + 5 + 10]	U = _____
Der Umfang des rechten Rechtecks ist 30 cm.	[3 + 12 + 3 + 12]	U = _____

2.2 In der obigen Gleichung 4x + 10 = 2x + 20 (Umfänge) stehen lauter gerade Zahlen. Man könnte also schon dort die Terme
auf beiden Seiten halbieren.

A Führe diesen Lösungsweg weiter.

B Vergleiche die beiden Lösungswege.

2.3 Die vier Abbildungen I – IV stellen je Paare von Rechtecken dar, die den gleichen Umfang haben.

I

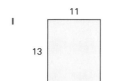

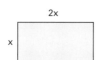

II

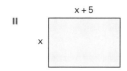

III

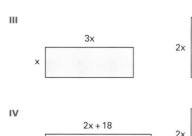

IV

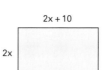

A Zu welchen Abbildungen passen die folgenden Gleichungen?

G 1   x + 3x + x + 3x = 4x + (2x + 16)

G 2   2x + (4x + 36) = 4x + (4x + 20)

B Stelle auch Gleichungen zu den beiden anderen Abbildungen auf.

C Berechne zu den Abbildungen I – IV die Länge x und den Umfang der Rechtecke.

---

3   **Ein Gleichungsbaukasten**

Mit den Termen in dieser Tabelle kannst du 25 Gleichungen bauen.

	50 – x	2x – 50	2 · (x – 50)	3 · (40 –x)	3x – 60
x					
x + 20					
x – 50					
$\frac{x}{3}$					
3x					

Zum grauen Feld gehört die Gleichung x + 20 = 2 · (x – 50).

Baue Gleichungen. Löse sie und schreibe die Lösungen in die entsprechenden Felder.

1 Keile

1.1 Ordne die verschiedenen Keile. Welches ist der steilste, welches der flachste? In welchem Massstab wurden die Keile abgebildet?

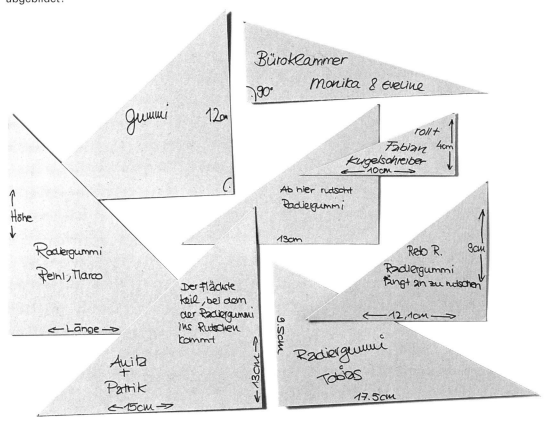

1.2 Zeichne unterschiedlich grosse Dreieckskeile mit der Steigung 0.25 = 25 %. Vergleiche die Keile.

1.3 Skizziere Keile mit der Steigung 1, 2, 0.5, 0.25. Drehe die Keile um 90°.

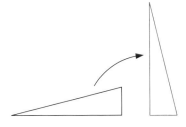

  A Wie gross ist die Steigung nun? Erstelle eine Tabelle.
  B Beschreibe allgemein, wie sich die Steigung verändert, wenn der Keil mit 90° um den rechten Winkel gedreht wird.

1.4 Diese beiden Keile unterscheiden sich von den übrigen.

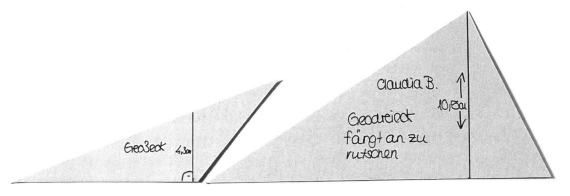

  A Beschreibe den Unterschied.
  B Bestimme die Steigung.

2 **Mathematik in der Turnhalle**

Die Langbank, an der Sprossenwand eingehängt, ergibt eine Rutschbahn. Man kann damit experimentieren.

Wie muss die Bank eingehängt werden, dass man rutschen, hinaufgehen oder sich hochziehen kann?

Hier ist das Protokoll einer Schülergruppe abgebildet.

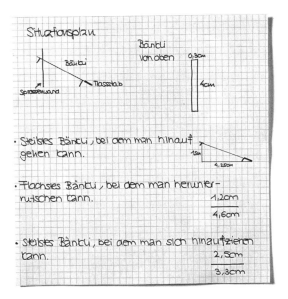

A　Studiere das Protokoll.

B　Wie gross ist die Steigung beim Hinunterrutschen?

C　Wie gross ist die Steigung beim Hinaufgehen?

D　Wie gross ist die Steigung beim Sichhinaufziehen?

E　Zeichne ein entsprechendes Dreieck zur Situation «Hinunterrutschen».

F　Zeichne ein entsprechendes Dreieck zur Situation «Hinaufziehen».

3 **Treppen**

3.1　Vergleicht verschiedene Treppen des Schulhauses. Welches ist die steilste? Skizziert und tragt die Masse ein.

3.2　Verschiedene Treppentypen

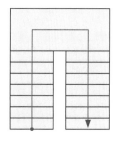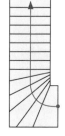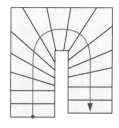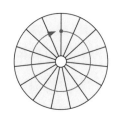

gerade Treppe　　Podesttreppe　　　$\frac{1}{4}$ gewendelt　　　$\frac{1}{2}$ gewendelt　　　Wendeltreppe

Der Laufweg nach oben ist auf den Plänen mit einem Pfeil dargestellt. Jede der abgebildeten Treppen überwindet eine Höhe von 2.90 m. Die Pläne sind im Massstab 1 : 100 gezeichnet.

A　Welchen Treppentyp findest du im Schulhaus?

B　Schätzt ab, welches die steilste, welches die flachste Treppe ist.

C　Berechne für jede Treppe die Steigung.

3.3 Wendeltreppen

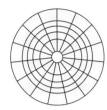 

Diese Wendeltreppe dreht 360° und führt 3.20 m hinauf ins obere Stockwerk.

Durchmesser Treppenloch: 2.50 m

Durchmesser Treppenauge (Pfosten in der Mitte): 30 cm.

Die Steigung dieser Treppe ist unterschiedlich gross. Je weiter innen (beim Treppenauge) man hochgeht, desto grösser wird die Steigung.

A Berechne die Steigung, wenn man genau in der Mitte zwischen Aussenwange und Treppenauge hochgeht.

B Berechne die Steigung, wenn man den Laufweg $\frac{1}{3}$, $\frac{2}{3}$ und $\frac{4}{5}$ der Treppenbreite vom Treppenauge entfernt wählt.

4 Bergbahnen am Vierwaldstättersee

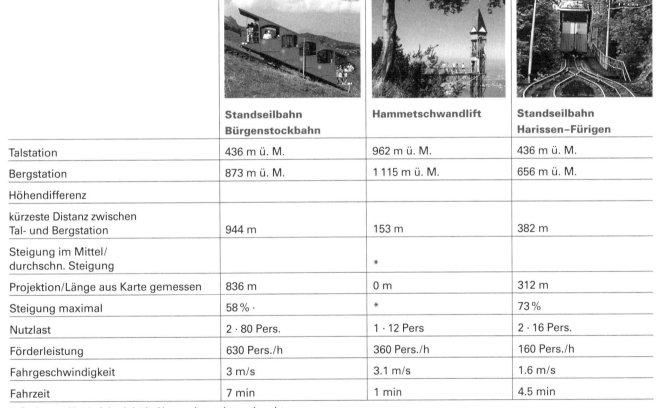

	Standseilbahn Bürgenstockbahn	Hammetschwandlift	Standseilbahn Harissen–Fürigen
Talstation	436 m ü. M.	962 m ü. M.	436 m ü. M.
Bergstation	873 m ü. M.	1 115 m ü. M.	656 m ü. M.
Höhendifferenz			
kürzeste Distanz zwischen Tal- und Bergstation	944 m	153 m	382 m
Steigung im Mittel/ durchschn. Steigung		*	
Projektion/Länge aus Karte gemessen	836 m	0 m	312 m
Steigung maximal	58 % ·	*	73 %
Nutzlast	2 · 80 Pers.	1 · 12 Pers	2 · 16 Pers.
Förderleistung	630 Pers./h	360 Pers./h	160 Pers./h
Fahrgeschwindigkeit	3 m/s	3.1 m/s	1.6 m/s
Fahrzeit	7 min	1 min	4.5 min

* Steigung lässt sich nicht in % angeben, da senkrecht.

Vergleiche die verschiedenen Bahnen.

A Berechne für jede Bahn die Höhendifferenz.

B Berechne jeweils die durchschnittliche Steigung.

C Gib die Fahrgeschwindigkeiten in km/h an und vergleiche mit einem andern Fahrzeug. Die Geschwindigkeit bei gemütlichem Radfahren zum Beispiel beträgt 12 km/h.

D Wie häufig kann jede Bahn bzw. der Aufzug in der Stunde verkehren?

5 OL-Karte

Die Höhenkurven auf der OL-Karte sind für die Läuferinnen und Läufer eine wichtige Information. Die Äquidistanz gibt an, wie viele Meter Höhendifferenz zwischen zwei Höhenkurven liegen.

Suche die Höhenkurve mit der Angabe 600. Alle Punkte auf dieser Linie liegen 600 m über Meer. 10 Höhenkurven weiter liegt die Kurve mit 650 m ü. M.

Ergänze die Tabelle.

von... nach	Distanz auf der Karte	Projektion in Wirklichkeit	Höhendifferenz	Steigung im Mittel	Streckenlänge in Wirklichkeit
A – B					
B – C					
D – E					
F – G					

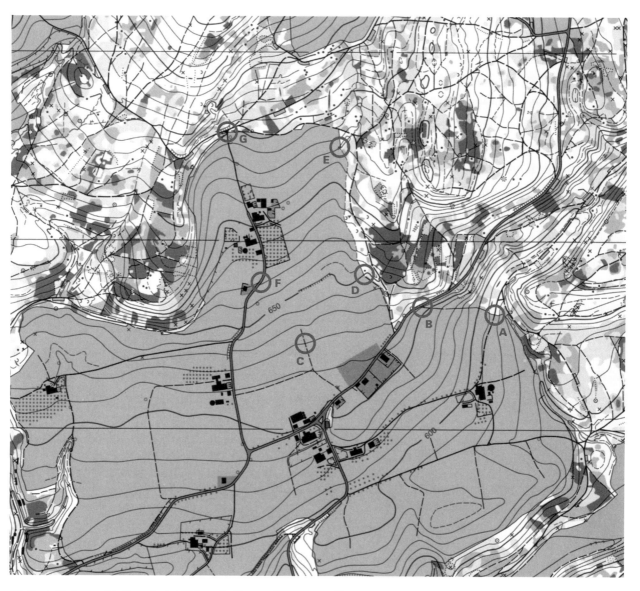

OL-Karte Hubenwald, Gemeinde Wichtrach, Massstab 1:10 000, Äquidistanz 5 m.

6 Rechtwinklige Dreiecke – Steigungsdreiecke

6.1 Steil, steiler, am steilsten

Vervollständige die Tabelle.

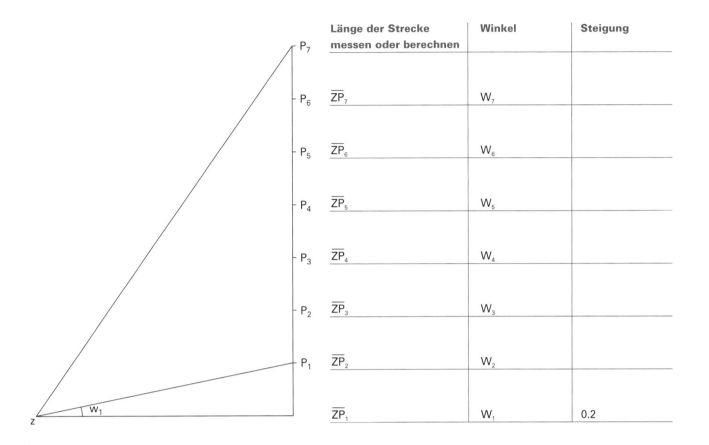

Länge der Strecke messen oder berechnen	Winkel	Steigung
$\overline{ZP_7}$	W_7	
$\overline{ZP_6}$	W_6	
$\overline{ZP_5}$	W_5	
$\overline{ZP_4}$	W_4	
$\overline{ZP_3}$	W_3	
$\overline{ZP_2}$	W_2	
$\overline{ZP_1}$	W_1	0.2

6.2 Welche Aussagen sind richtig?

Streiche falsche Aussagen durch.

A Wenn der Winkel w vergrössert wird, wird auch die Steigung vergrössert.

B Wenn der Winkel w verdoppelt wird, wird auch die Steigung verdoppelt.

C Wenn die Steigung verdoppelt wird, wird auch der Winkel w verdoppelt.

D Wenn die Steigung kleiner wird, wird der Winkel w grösser.

E Der Winkel w bleibt immer gleich, auch wenn die Steigung grösser wird.

F Sind die beiden Katheten gleich lang, ist der Winkel w = 100°.

G Sind die beiden Katheten gleich lang, ist die Steigung 100 %.

1 Vervollständige die Tabelle.

	Volumen [cm³]	V unter Wasser [cm³]	V über Wasser [cm³]	% Holz unter Wasser	Dichte [g/cm³]
Holz	100			70	
		28			0.7
			150		
10 Würfel mit s = 2 cm					

2 Vervollständige die Tabellen.

A

	Volumen [dm³]	Hohlmass [ml]	Anzahl Würfel mit s = 2 cm	Gewicht [g]	Dichte [g/cm³]
Wasser	16	16		16	1
Holz	800	800			0.7
Eisen			20		7.8

B

	Volumen [dm³]	Hohlmass [l]	Anzahl Würfel mit s = 2 cm	Gewicht [kg]	Dichte [kg/dm³]
Wasser		1	125	1	
Holz				14	0.7
Eisen	3			23.4	7.8

3 Wie schwer sind folgende Materialien?

	Dichte [kg/dm³]	Volumen [dm³]	Gewicht [kg]	Volumen [dm³]	Gewicht [kg]
Wasser	1.0	2	2	5	5
Eisen	7.8	2		50	
Fichtenholz trocken	0.6	2		0.5	
Beton	2.2	2		500	

4 Wie gross ist die Dichte folgender Stoffe?

Schnee   50 dm³   wiegen   20 kg   Blei   0.44 dm³   wiegen 5.0 kg

Granit   1 350 dm³   wiegen 3 700 kg   Eis   80 cm³   wiegen   72 g

5 Wie gross ist das Volumen?

A 200 g Schnee _____ B 200 g Granit _____

C 200 g Blei _____ D 200 g Eis _____

Gib mögliche Kantenlängen für entsprechende Quader an.

6 Wie gross ist das Volumen der folgenden Stoffe, wenn das Gewicht jeweils 2 kg beträgt?

A Wasser   1.0 kg/dm³
B Eisen   7.8 kg/dm³
C Fichtenholz trocken   0.6 kg/dm³
D Zement   2.8 kg/dm³

> **Zur Erinnerung**
> 1 Liter = 1 dm³ = 1 000 cm³
> 1 ml = 1 cm³
> 1 000 l = 1 m³ = 1 000 dm³

7 Setze die fehlenden Zahlen ein.

A Wasser

1 cm³ Wasser wiegt _____ 1 g.   Dies entspricht _____ g/cm³.

1 dm³ Wasser wiegt _____ kg.   Dies entspricht _____ kg/dm³.

1 m³ Wasser wiegt _____ t.   Dies entspricht _____ t/m³.

B Stein

1 cm³ Stein wiegt _____ g.   Dies entspricht _____ 2.5 g/cm³.

1 dm³ Stein wiegt _____ kg.   Dies entspricht _____

1 m³ Stein wiegt _____ t.   Dies entspricht _____

C 1 g/cm³ = _____ g/dm³ = _____ kg/dm³ = _____ kg/m³ = _____ t/m³

8 Du findest nachfolgend die Dichten einiger weiterer Stoffe.
Formuliere damit eigene Berechnungsaufgaben.
Lasse sie von jemandem lösen und kontrolliere anschliessend die Lösungen.

Kork   0.3 kg/dm³
Kerzenwachs (Paraffin)   0.9 kg/dm³
Aluminium   2.2 kg/dm³
Kupfer   8.9 kg/dm³
Silber   10.5 kg/dm³
Gold   19.3 kg/dm³
Platin   21.5 kg/dm³

1 Ein Fahrzeug bewegt sich auf ebener Strasse. Für verschiedene Zeitpunkte t (in Sekunden) ist die Position x (in Metern) in einer Tabelle eingetragen.

A Zeichne den zugehörigen Graphen.

I

t [s]	0	1	2	3	4	5	10
x [m]	0	6	12	18	24	30	60

II

t [sec]	0	1	2	3	4	5	10
x [m]	0	2	8	18	32	50	200

I   **II**

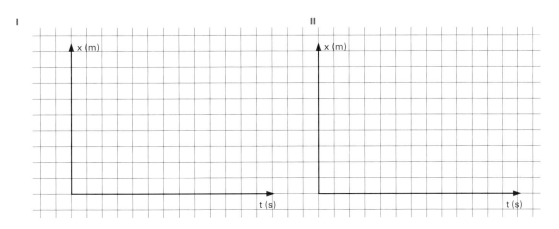

B Welche Position ergibt sich in Situation I bei t = 20 s, wenn sich die Bedingungen nicht ändern?

C Welche Position ergibt sich in Situation II bei t = 20 s, wenn sich die Bedingungen nicht ändern?

D Finde eine Gleichung, mit der sich aus der Zeit t die Position x berechnen lässt.

---

2 Eine Kugel rollt eine Rampe hinunter. Sie wird immer schneller. Sie legt während der ersten Sekunde 10 cm zurück. In der zweiten Sekunde sind es 30 cm, in der dritten Sekunde 50 cm, in der vierten Sekunde 70 cm, in der 5. Sekunde 90 cm und in der 6. Sekunde 110 cm.

A Trage in der Tabelle die Positionen zu den angegebenen Zeiten ein (Start bei x = 0 zur Zeit t = 0). Übertrage die entsprechenden Punkte ins Gitter und verbinde sie zu einem Graphen.

t [s]	0	1	2	3	4	5	6
x [cm]							

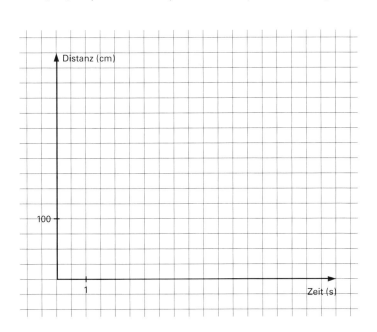

B Wie lautet die Gleichung, mit der sich aus der Zeit der insgesamt zurückgelegte Weg berechnen lässt?

3 Für drei Spielzeugloks I, II und III wird die Geschwindigkeit zu verschiedenen Zeitpunkten gemessen und in einer einzigen Grafik dargestellt.

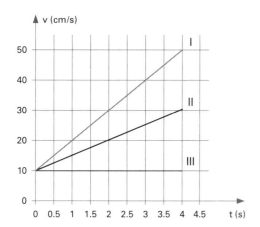

A Beschreibe die drei Bewegungen; vergleiche sie auch untereinander!

B Welche Distanz legt die Lok III in der Zeit zwischen 0 und 4 Sekunden zurück?

C Wie gross ist die zurückgelegte Distanz bei Lok II in diesen 4 Sekunden?

4 A Auf einer Velotour fährt jemand während 30 Minuten mit durchschnittlich 25 km/h, dann 70 Minuten mit durchschnittlich 20 km/h und dann 20 Minuten lang mit durchschnittlich 35 km/h. Zeichne ein Geschwindigkeitsdiagramm. Es besteht aus drei Teilen, beschreibt aber die Bewegung eines einzigen Objekts!

B Wie gross ist die Distanz, die in diesen zwei Stunden zurückgelegt wird? Wie gross ist die Durchschnittsgeschwindigkeit?

C Beschreibe den Zusammenhang zwischen der Berechnung in B und dem Diagramm?

5 Längs einer Strasse wird die Geschwindigkeit eines vorbeifahrenden Autos alle 10 Meter ermittelt und dann grafisch dargestellt. Welche Aussagen sind korrekt? Streiche die falschen durch.

I Der Weg geht dauernd aufwärts.

II Das Fahrzeug wird immer schneller.

III Die Geschwindigkeit wächst dauernd.

IV Zwischen zwei Messpunkten verstreicht immer weniger Zeit.

V Das Fahrzeug beschleunigt dauernd.

6 Der Anhalteweg für eine bestimmte Geschwindigkeit kann folgendermassen berechnet werden:

I Teile die Anzahl km/h durch 10.

II Addiere das Dreifache dieser Zahl und drei Viertel vom Quadrat dieser Zahl.

III Das Resultat ist der Anhalteweg in Metern.

Beispiel: Für v = 60 km/h gilt $3 \cdot 6 + \frac{3}{4} \cdot 36 = 18 + 27 = 45$ [m].

A Berechne den Anhalteweg bei 30, 50 und bei 80 km/h.

B Vergleiche die Resultate mit jenen in der Grafik der Lernumgebung von *mathbu.ch 8*.

7 Ein mit Batterie betriebener Spielzeugtrax fährt einen Parcours, der im Profil etwa so aussieht:

Welches der Diagramme zeigt die Geschwindigkeit (abhängig von der Position) etwa korrekt?

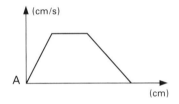
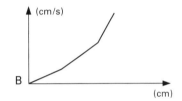
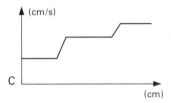

8 Der Benzinverbrauch eines «Mittelklasse-Autos» wird recht gut durch dieses Diagramm beschrieben.

Beispiele: Verbrauch bei konstanten 80 km/h: 7.8 l/100 km

Verbrauch bei konstanten 120 km/h: 11.2 l/100 km

A Lies aus dem Graphen den Verbrauch bei konstanten 50 km/h, 100 km/h und bei 140 km/h ab.

B Im Stadtverkehr verbraucht das Auto etwa 13.5 l/100 km. Woher kommt dieser hohe Verbrauch?

C Beschreibe, weshalb der Benzinverbrauch bei Zunahme der Geschwindigkeit «überproportional» zunimmt. Vergleiche mit deiner Velo-Erfahrung.

9 Es gibt verschiedene Rechtecke mit dem Umfang 40 cm.

Die Summe aus Länge x und Breite y ist demnach 20 cm, kurz: $x + y = 20$.

A Fülle die Tabelle zu Länge und Breite aus.

x	20	15	10	5	2	0
y						

B Trage den Graphen ins Koordinatensystem ein.

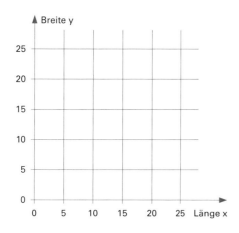

C Berechne zu jeder Länge x die Rechtecksfläche A. Fülle die Tabelle aus.

x	20	18	15	12	10	8	5	0
A								

D Zeichne auch zu C den Graphen ins Koordinatensystem ein.

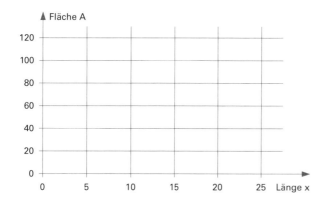

E Unter den Rechtecken mit dem gleichen Umfang gibt es eines mit maximaler Fläche. Welche Besonderheit liegt vor? Wie zeigt sich das in der grafischen Darstellung?

F Wie lautet die Gleichung, mit der man aus der Länge direkt die Fläche berechnen kann?

$A =$

1   **Geschwindigkeiten umrechnen**

1.1   **A**   Welches Beispiel (I bis VIII) aus der Lernumgebung ist in diesem Diagramm dargestellt?

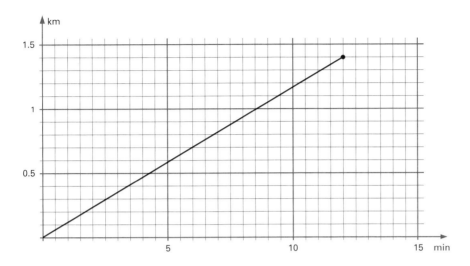

B   Wähle selbst zwei bis drei Beispiele aus der Lernumgebung aus und stelle sie als Diagramm dar.

1.2   Geschwindigkeiten gibt man meistens in m/s oder in km/h an.

     A   Studiere die beiden Umrechnungen. Wie rechnest du?

$$1\,m/s = 60\,m/min = 3600\,m/h = 3,6\,km/h$$

$$\cdot 3600 \downarrow \quad \begin{array}{cc} 1s & 1m \\ 1h & 3600\,m \end{array} \quad \downarrow \cdot 3600$$

$$1\,m/s = 3,6\,km/h$$

     B   Erkläre, wie man mit Hilfe dieses Diagramms 80 km/h in m/sec umrechnen kann.

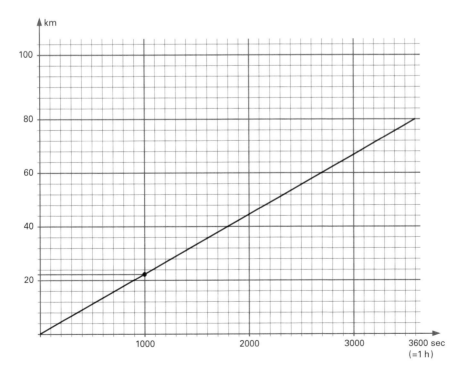

     C   Führe mit Hilfe des Diagramms einige Umrechnungen von km/h in m/s durch.

1.3 Rechne um.

	durchschnittliche Geschwindigkeit	
	[m/s]	[km/h]
A Auf der Autobahn fährt man in 3 s etwa 100 m weit.		
B Die Startgeschwindigkeit eines Düsenjets beträgt ca. 100 m/s.		
C Eine Schülerin läuft 1 km in 3 min 20 s.		
D Der Schall legt in 1 s etwa 300 m zurück.		
E Stau am Gotthard: 9 km in 3 h		
F Ferien in Spanien: 1 200 km in 13 h 20 min		

1.4 Rechne um.

	Geschwindigkeit	umrechnen in
A Schnelle 100-m-Sprinter laufen mit einer Geschwindigkeit von …	10 m/s	km/h
B Die Waldschnepfe fliegt mit … ausgesprochen langsam.	1 km/8 min	km/h
C Schnell wachsende Bambusarten wachsen bis zu …	1 m/d	cm/h
D Die weltbekannten Mammutbäume wachsen in Kalifornien bis zu …	100 m/1 000 y	mm/d

1.5 Erfinde selbst Aufgaben wie in 1.3 oder 1.4. Stelle sie einer Kollegin oder einem Kollegen vor.

1.6 Rechne um.

1.5 h	=	1 h 30 min		=	2 h 15 min
1.1 h	=			=	2 h 20 min
1.11 h	=			=	2 h 6 min
	=	1 h 12 min 36 s	2.2 h	=	
	=	3 h 18 min	0.75 h	=	

2   **Geschwindigkeiten schätzen**

Was bewegt sich oder wächst etwa so schnell?

Ordne zu: Wachstumsgeschwindigkeit Kind, Staubschicht im Haus, Ruderboot, Fliessgeschwindigkeit in einem See, Rollerblades, deine Schreibgeschwindigkeit, Passagierflugzeug, Wachstumsgeschwindigkeit Tropfstein, Schnecke

Geschwindigkeit	mögliche Entsprechung	ein weiteres passendes Beispiel
0.05 mm/Jahr		
1 mm/Jahr		
6 mm/Monat		
1 mm/s		
1 cm/s		
100 m/h		
1 m/s		
8 m/s		
120 km/h		
900 km/h		

3   **Sport**

3.1   Weltklassecrawler schaffen 100 m Freistil in weniger als 50 s.

Wie vielen Zentimetern entspricht ein Vorsprung von 1/100 s?

3.2   In einem Skiabfahrtsrennen wird bis zu 140 km/h schnell gefahren. Welche Distanz legt man mit dieser Geschwindigkeit in 0.1 s zurück?

3.3   Shane Kelly hat mit einem Fahrrad 1995 in Bogotà 1 km mit einer durchschnittlichen Geschwindigkeit von beinahe 60 km/h zurückgelegt. Wie lange hat er für den Kilometer wohl gebraucht?

3.4 Stundenweltrekord im Fahrradfahren

Beim Stundenweltrekord im Fahrradfahren versucht ein Radfahrer, in einer Stunde möglichst weit zu fahren.

Stelle dir zu den Informationen auf dieser und der nächsten Seite Fragen, die du durch Berechnungen lösen kannst und beantworte sie. Tauscht eure Fragen aus und kontrolliert euch gegenseitig.

Im Oktober 1994 (53.832 km) und November 1994 (55.291 km) stellte Toni Rominger zwei fabelhafte Stundenweltrekorde auf einem Spezialfahrrad auf.

Im September 1996 wurden Romingers Rekorde von Chris Boardman (GB) mit 56.375 km abgelöst.

Der internationale Radsportverband bestimmte am 08.09.00, dass wieder die von Eddy Merckx auf einem «normalen Rennrad» aufgestellte Bestmarke von 1972 (49.432) km als offizieller Stundenweltrekord gilt. Die von Rominger und Boardman gefahrenen Rekorde, bei denen Spezialräder verwendet wurden, gelten nur noch als «Weltbestleistungen». Boardman versuchte nach diesem Entscheid bereits im Oktober 2000 den offiziellen Stundenweltrekord wieder an sich zu reissen.

	Toni Rominger Oktober 94 (auf Spezialrad)	Chris Boardman Oktober 00 (auf konventionellem Rad)
1 km	01'12.6"	
5 km	05'39.1"	06'04.0"
10 km	11'10.4"	12'03.9"
15 km	16'42.4"	18'04.6"
20 km	22'15.6"	24'07.0"
25 km	27'49.7"	30'11.7"
30 km	33'26.3"	36'18.4"
40 km	44'36.9"	48'33.4"
45 km	50'12.6"	54'40.6"
46 km		55'53.9"
47 km		57'06.7"
48 km		58'17.9"
49 km		59'29.3"
49.442 km		60'
50 km	55'48.2"	
53.832 km	60'	

Bis 3 Minuten vor Schluss sah es nicht gut aus. Chris Boardman wurde langsamer. Plötzlich jedoch wurde er unter dem tosenden Jubel der Zuschauer in der ausverkauften Halle und den Anfeuerungen des Hallensprechers (Come on, Chris! Come on!) wieder schneller. Die Entscheidung war dramatisch. 30 Sekunden vor Schluss hatte Boardman noch einen (theoretischen) Rückstand auf Merckx von zehn Metern. Am Ende wurden daraus zehn Meter Vorsprung. Exakt 49,441872 Kilometer hielt die Jury als offizielles Ergebnis fest. Chris Boardman kündigte nach seinem erfolgreichen Weltrekordversuch aus gesundheitlichen Gründen seinen Rücktritt vom Spitzensport an.

Die Durchschnittsgeschwindigkeiten von Boardman nach

10 Minuten – 49.731 km/h	50 Minuten – 49.411 km/h	59 Minuten – 49.407 km/h
30 Minuten – 49.684 km/h	57 Minuten – 49.376 km/h	59:30 Minuten – 49.421 km/h
45 Minuten – 49.453 km/h	58 Minuten – 49.401 km/h	60 Minuten – 49.441 km/h

Die Entwicklung des Stundenweltrekords

Datum	Fahrer	Nation	Ort	Distanz [km]	+ ... m
11.05.1893	Henri DESGRANGE	F	Paris	35.325	
31.10.1894	Jules DUBOIS	F	Paris	38.220	+ 2 895
30.07.1897	Oscar VAN DEN EYNDE	B	Paris	39.240	+ 1 020
03.07.1898	Willie HAMILTON	USA	Denver	40.781	+ 1 541
24.08.1905	Lucien PETIT BRETON	F	Paris	41.110	+ 329
20.06.1907	Marcel BERTHET	F	Paris	41.520	+ 410
22.08.1912	Oscar EGG	CH	Paris	42.122	+ 602
20.09.1913	Marcel BERTHET	F	Paris	43.775	+ 1 653
18.08.1914	Oscar EGG	CH	Paris	44.247	+ 472
28.09.1933	Maurice RICHARD	F	St. Trond	44.777	+ 530
31.10.1935	Giuseppe OLMO	I	Milano	45.090	+ 313
14.10.1936	Maurice RICHARD	F	Milano	45.325	+ 235
03.11.1937	Maurice ARCHAMBAUD	F	Milano	45.767	+ 442
07.11.1942	Fausto COPPI	I	Milano	45.798	+ 31
19.09.1956	Ercole BALDINI	I	Milano	46.394	+ 596
18.09.1957	Roger RIVIERE	F	Milano	46.923	+ 529
23.09.1959	Roger RIVIERE	F	Milano	47.347	+ 424
30.10.1967	Ferdinand BRACKE	B	Rom	48.093	+ 746
10.10.1968	Ole RITTER	DK	Mexico	48.653	+ 560
25.10.1972	Eddy MERCKX	B	Mexico	49.432	+ 779
27.10.2000	Chris BOARDMAN	GB	Manchester	49.442	+ 10

Weltbestleistungen

Datum	Fahrer	Nation	Ort	Distanz [km]	+ ... m
19.01.1984	Francesco MOSER	I	Mexico	50.808	+ 1 376
23.01.1984	Francesco MOSER	I	Mexico	51.151	+ 343
17.07.1993	Graeme OBREE	GB	Hamar	51.596	+ 445
23.07.1993	Chris BOARDMAN	GB	Bordeaux	52.270	+674
27.04.1994	Graeme OBREE	GB	Bordeaux	52.713	+ 433
02.09.1994	Miguel INDURAIN	E	Bordeaux	53.040	+ 327
22.10.1994	Tony ROMINGER	CH	Bordeaux	53.832	+ 792
05.11.1994	Tony ROMINGER	CH	Bordeaux	55.291	+ 1 459
07.09.1996	Chris BOARDMAN	GB	Manchester	56.375	+ 1 084

1 Führe Termumformungen durch wie im Beispiel und zeige sie an einer Figur.

Beispiel: $12 + 15 = 3 \cdot 4 + 3 \cdot 5 = 3 \cdot (4 + 5) = 3 \cdot 9 = 27$

A $24 + 32 =$

B $63 + 27 =$

2 Schreibe jede Summe als Produkt. Stelle sie in einer Figur passend dar.

Beispiel: $5a + 10b = 5 \cdot a + 5 \cdot 2b = 5 \cdot (a + 2b)$

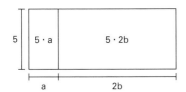

A $8m + 12n =$

B $30c + 45d =$

3 Berechne jeweils auf verschiedene Arten die schraffierte Fläche der Figur.

Vergleiche mit den Aufgaben 1 und 2 im *mathbu.ch 8*, Seite 66.

A
16
6
4
4

B
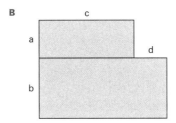

C
x   y   x
y

D
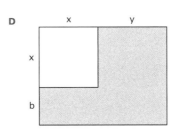

4 Zeichne zu jedem Term ein passendes Rechteck. Stelle den Term als Produkt dar und zeige die Faktoren am Rechteck.

A $3a^2 + 2a =$

B $5b + 10b^2 =$

C $32y^2 + 4xy =$

5 Schreibe die Terme als Produkte.

A $12c + 6b + 3a =$

B $20u - 12u^2 =$

C $9a^2 - 6a =$

D $15xy - 6x^2 =$

E $36a - 24b + 12c =$

6 Die Terme lassen sich als eine «Summe hoch zwei» darstellen.
Notiere die «Summe hoch zwei». Zeige sie an einer Figur.
Beispiel: $a^2 + 2ab + b^2 = (a + b)^2$

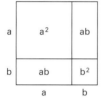

A $u^2 + 2u + 1 =$

B $9c^2 + 6cd + d^2 =$

7 Schreibe die Terme als eine «Summe hoch zwei».

A $x^2 + 2xy + y^2 =$

B $36a^2 + 12ab + b^2 =$

C $81z^2 + 18z + 1 =$

D $x^2 - 2xy + y^2 =$

E $a^2 - 12ab + 36b^2 =$

F $p^2 - 14p + 49 =$

G $100a^2 + 20a + 1 =$

8   Jede dieser Figuren besteht aus drei Kreisen und ist gleich hoch.

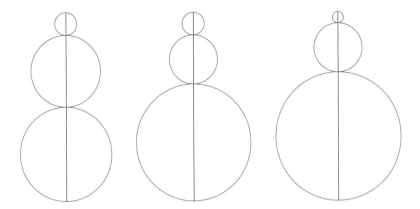

   A   Bestimme bei jeder Figur den Umfang? Was stellst du fest?

   B   Haben solche Figuren mit zwei oder vier Kreisen bei gleicher Höhe auch gleiche Umfänge? Zeichne und rechne.

   C   Erkläre algebraisch.

9   Um die Eckpunkte eines Quadrates mit der Seitenlänge a = 10 cm werden Kreisbogen geschlagen, die sich berühren.

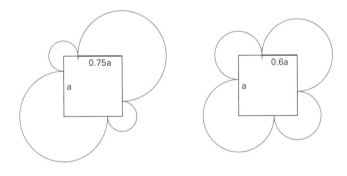

   A   Bestimme die Umfänge der beiden Figuren.

   B*   Berechne ihre Flächeninhalte.

10   Das Dreieck ABC ist gleichseitig.

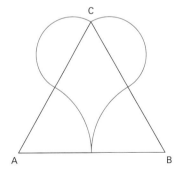

Berechne den Umfang der herzförmigen Figur, wenn die Seite des Dreiecks 10 cm misst.

1 **Teilbarkeitstests**

Primzahlen sind Zahlen, die nur durch sich selber und durch 1 teilbar sind. Oft sieht man einer Zahl nicht auf den ersten Blick an, ob sie eine Primzahl ist.

Die folgenden Zahlen sind aber sicher keine Primzahlen. Siehst du warum?

A 377 245 432 766 288

B 111 111 111

C 544 789 354 435

D Finde eine 10-stellige Zahl, die durch 12 teilbar ist.

2 **Zerlegung einer Zahl in Primfaktoren**

Jede natürliche Zahl, die keine Primzahl ist, lässt sich in ein Produkt von Primzahlen zerlegen.

Diese Zerlegung heisst Primfaktorzerlegung und ist – bis auf die Reihenfolge der Faktoren – eindeutig.

Beispiele:

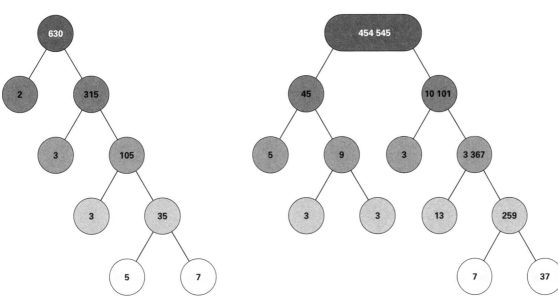

$630 = 2 \cdot 3 \cdot 3 \cdot 5 \cdot 7$

$454\ 545 = 5 \cdot 3 \cdot 3 \cdot 3 \cdot 13 \cdot 7 \cdot 37 = 3 \cdot 3 \cdot 3 \cdot 5 \cdot 7 \cdot 13 \cdot 37$

Beachte:

1. Die Zahl 630 lässt sich auf verschiedene Arten in ein Produkt zerlegen,

   Beispiel: $630 = 2 \cdot 315 = 3 \cdot 210 = 14 \cdot 45$

   Die Zerlegung in ein Produkt von Primfaktoren ist aber eindeutig.

2. Es ist üblich, die Primfaktoren der Grösse nach zu ordnen.

3. Zur Schreibweise: Kommt in der Primfaktorzerlegung ein Faktor mehrmals vor, so verwendet man die Potenzschreibweise.

   Beispiele: $24 = 2 \cdot 2 \cdot 2 \cdot 3 = 2^3 \cdot 3$ $125 = 5 \cdot 5 \cdot 5 = 5^3$

3 Zerlege folgende Zahlen in Primfaktoren.

A 12 345

B 1 024

C 1 001

D 2 275

E 817

4 Gib alle Teiler der nachfolgenden Zahlen an.

A   6

B   16

C   24

D   60

E 1 024

5 Das Sieb des Eratosthenes

Eratosthenes wurde ungefähr 276 v. Chr. in Kyrene (Libyen) geboren. Er beschäftigte sich mit Geographie, Astronomie und Mathematik. Er entwarf eine Erdkarte mit Hilfe eines Koordinatennetzes von Parallelkreisen und Meridianen und stellte einen Sternenkatalog mit 675 Sternen auf. Zudem wird Eratosthenes als Begründer der Chrononologie (Lehre von den Grundlagen und dem Gebrauch der Zeitrechnung) und der wissenschaftlichen Geographie angesehen. Eratosthenes erkannte, dass die Erde eine Kugel ist und bestimmte mit erstaunlicher Genauigkeit deren Umfang. In Alexandria leitete er die berühmte Bibliothek. Eratosthenes starb etwa 195 v. Chr.

Eratosthenes hat eine Methode erfunden, mit der alle Primzahlen bis zu einer vorgegebenen Zahl n gefunden werden können. Die Idee ist die folgende:

In der untenstehenden Tabelle sind die natürlichen Zahlen 1, 2, 3, 4, 5, 6,… aufgeschrieben. Kreise die Primzahl 2 ein und streiche danach alle Vielfachen von 2 (also 4, 6, 8,…), denn diese haben ja 2 als Teiler. Kreise dann die 3 ein und streiche alle Vielfachen (6, 9, 12,…). Gehe zur nächsten noch nicht durchgestrichenen Zahl (5), kreise sie ein und streiche alle Vielfachen. Fährst du so weiter, bleiben schliesslich nur die Primzahlen stehen.

A Finde in der Liste der Zahlen von 1 bis 108 mit Hilfe des Verfahrens von Eratosthenes alle Primzahlen heraus.

1	2	3	4	5	6
7	8	9	10	11	12
13	14	15	16	17	18
19	20	21	22	23	24
25	26	27	28	29	30
31	32	33	34	35	36
37	38	39	40	41	42
43	44	45	46	47	48
49	50	51	52	53	54
55	56	57	58	59	60
61	62	63	64	65	66
67	68	69	70	71	72
73	74	75	76	77	78
79	80	81	82	83	84
85	86	87	88	89	90
91	92	93	94	95	96
97	98	99	100	101	102

B Beschreibe, was dir auffällt.

C Finde in der Tabelle auch Primzahlzwillinge.

6 Die Goldbach-Vermutung

In einem Brief an den berühmten Mathematiker Leonhard Euler stellte Christian Goldbach 1742 die Vermutung auf, dass jede gerade Zahl ab 4 als Summe zweier Primzahlen dargestellt werden kann.

$4 = 2 + 2$, $6 = 3 + 3$, $8 = 3 + 5$, $10 = 3 + 7$, $12 = 5 + 7$, etc.

Beachte: Es gibt zum Teil mehrere Möglichkeiten: $10 = 3 + 7 = 5 + 5$

Zerlege alle geraden Zahlen von 14 bis 30 in Summen von je zwei Primzahlen.

Bemerkung: Von der Goldbach-Vermutung weiss man bis heute nicht, ob sie stimmt oder nicht.

1 Chrysantheme, Kaktus und Pinienzapfen

A Zeichne die Spiralen mit Farbstift nach. Zähle jeweils die Anzahl der Spiralen (siehe Lernumgebung im *mathbu.ch 8,* S. 71).

B Ordne die vorkommenden Zahlen der Grösse nach.

C Was haben diese Zahlen mit dem Bild von Eugen Jost zu tun?

---

2 Zähle Spiralen bei anderen Pflanzen: Sonnenblume, Distel, Ananas, usw.

---

3 Quadratzahlen, Kubikzahlen, usw.

Hier siehst du die Folge der Quadratzahlen: 1, 4, 9, 16, 25, 36,...

Auf dem Bild von Eugen Jost im *mathbu.ch 8,* S. 70, kommt überdies die Folge der Kubikzahlen vor: 1, 8, 27, 64, 125, 216,...

A Bilde bei diesen Folgen jeweils die Differenzen benachbarter Zahlen.

Bilde anschliessend die Differenzen benachbarter Differenzen usw.

Beispiel:
```
1     4     9    16    25    36
   3     5     7     9    11
      2     2     2     2
```

B Wiederhole das Verfahren bei den Kubikzahlen. Was stellst du fest?

C Was ergibt sich bei der Zahlenfolge $1^4, 2^4, 3^4, 4^4, 5^4, 6^4, 7^4,...$?

D Was ergibt sich bei der Zahlenfolge $1^5, 2^5, 3^5, 4^5, 5^5, 6^5, 7^5,...$?

---

4 Fibonacci-Zahlen

A Schreibe die ersten 20 Fibonacci-Zahlen auf. Bilde auch bei dieser Folge die Differenzen benachbarter Zahlen.

Bilde die Differenzen der Differenzen usw. Was stellst du fest?

B Bilde die Quotienten benachbarter Fibonacci-Zahlen: $\frac{1}{1}, \frac{2}{1}, \frac{3}{2}, \frac{5}{3}, \frac{8}{5},...$

Was stellst du fest?

5 **Pascal-Dreieck**

Betrachte das folgende Zahlenschema:

```
                              1
                          1       1
                      1       2       1
                  1       3       3       1
              1       4       6       4       1
          1       5      10      10       5       1
      1       6      15      20      15       6       1
  1       7      21      35      35      21       7       1
1       8      28      56      70      56      28       8       1
```

A Wie ist das Schema aufgebaut?

B Wie lauten die nächsten Zeilen?

C In diesem Zahlenschema tauchen zum Teil die gleichen Zahlenfolgen auf wie auf dem Bild von Eugen Jost im *mathbu.ch 8,* S. 70. Finde solche Folgen.

D Die 1. binomische Formel lautet: $(a+b)^2 = 1a^2 + 2ab + 1b^2$.

Analog ist $(a+b)^3 = 1a^3 + 3a^2b + 3ab^2 + 1b^3$. Rechne nach.

E Wie viel gibt $(a+b)^4$, $(a+b)^5$, ...?

6 **Bienen und Drohnen**

Aus einem unbefruchteten Bienenei entsteht eine Drohne, aus einem befruchteten Ei aber eine Königin oder eine Arbeitsbiene (letzteres hängt von der Ernährung ab). Daher hat eine Drohne nur ein mütterliches Elternteil.

Auf dem Bild ist der Stammbaum einer Drohne dargestellt.

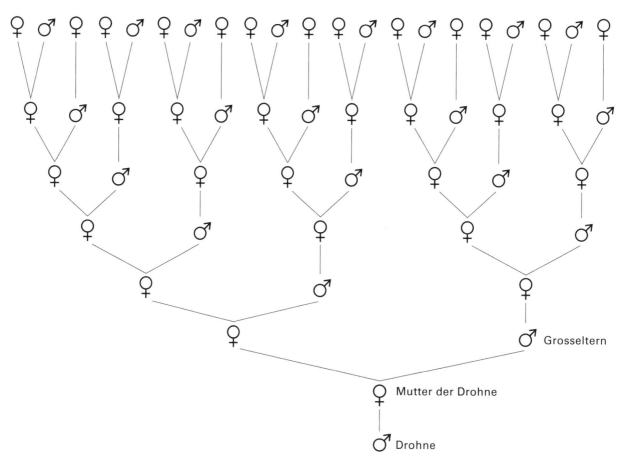

Wie viele Bienen hat es in der 1., 2., 3.,... Generation?

7   **Fibonacci und Dominosteine**

Mit Dominosteinen – die Augenzahlen darauf spielen für einmal keine Rolle – kann man Rechtecke der Breite 2 und der Länge 1, 2, 3, 4,... bilden.

In der Zeichnung sind alle möglichen Anordnungen der Dominosteine für Rechtecke der Längen 1, 2 und 4 angegeben. Es gibt also zwei verschiedene Anordnungen für die Länge 2, fünf Anordnungen für die Länge 4.

A   Zeichne alle möglichen Anordnungen der Dominosteine für Rechtecke der Längen 3, 5, 6, 7,...

B   Was stellst du fest? Versuche, deine Behauptung zu begründen.

8   **Fibonacci-Rechentrick**

Sarah bittet Patrick, sich zwei Zahlen auszudenken und verdeckt aufzuschreiben. Patrick muss (ebenfalls verdeckt) mit den beiden Zahlen eine Folge von zehn Zahlen nach dieser Regel bilden: Die Summe der beiden ausgedachten Zahlen liefert die dritte Zahl, die Summe der zweiten mit der dritten Zahl die vierte usw.

Beispiel

1. Zahl   3
2. Zahl   7
3. Zahl   10 (= 7 + 3)
4. Zahl   17 (= 10 + 7)
5. Zahl   27
6. Zahl   44
7. Zahl   71
8. Zahl   115
9. Zahl   186
10. Zahl 301

Nun bittet Sarah Patrick, ihr die 7. Zahl zu verraten und dann die zehn Zahlen zu addieren. Noch bevor Patrick fertig ist, nennt Sarah die richtige Summe 781. Sarah erklärt, wie sie das Ergebnis so schnell gefunden hat. Sie behauptet, die Summe der zehn Zahlen sei genau 11-mal so gross wie die 7. Zahl ($11 \cdot 71 = 781$).

A   Stimmt das immer? Begründe deine Vermutung.

B   Führt den Trick mehrmals mit zwei andern Startzahlen durch.

9 **64 = 65?**

Die Fläche des Quadrates ist 64, die Fläche des Rechtecks hingegen ist 65, obwohl doch beide Figuren aus denselben Teilen zusammengebaut sind.

Ist tatsächlich 64 = 65?

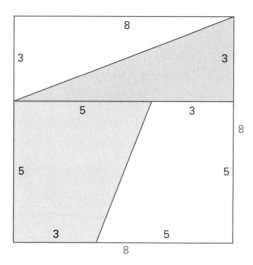
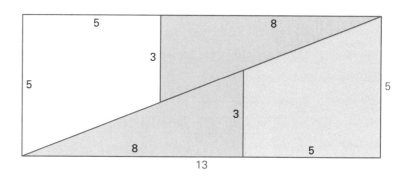

---

10 **Fibonacci und Kunst**

Das Bild stammt, wie schon das Bild im *mathbu.ch 8,* S.70, von Eugen Jost. Es zeigt eine Anordnung von Quadraten.

Worin besteht der Zusammenhang zwischen den Quadraten und Fibonacci-Zahlen?

1 Bei einem Normalwürfel ist es gleich wahrscheinlich, eine gerade oder eine ungerade Zahl zu werfen. Gilt das auch für Objekt Z aus der Lernumgebung? Begründe!

_____

_____

_____

2 Jemand hat im Verlauf eines Würfelspiels 18 Sechser gewürfelt. Wie oft hat die Person wohl geworfen

A mit einem gewöhnlichen Würfel? _____

B mit dem Wurfobjekt Z? _____

_____

3 **A** Bert hat mit einem gewöhnlichen Würfel eine 6 geworfen. Er glaubt nun, in einem zweiten Wurf sei eine 5 wahrscheinlicher als eine 6. Was meinst du dazu? Begründe!

_____

_____

B Anna arbeitet mit dem Wurfobjekt Z. Auch sie glaubt, in einem zweiten Wurf sei eine 5 wahrscheinlicher als eine 6. Was meinst du dazu? Begründe!

_____

_____

C Claire wirft einen gewöhnlichen Würfel zweimal hintereinander. Begründe, was wahrscheinlicher ist.
  I zweimal 6 oder   **II** im ersten eine 1 und im zweiten eine 2

_____

_____

4 Nutze zur Berechnung der erwarteten Werte die Baumdiagramme und trage die Antworten in die Tabelle ein.
  A Wie oft sind bei 100 Doppelwürfen mit Objekt Z «zweimal 2» (2/2), wie oft «zweimal 3» (3/3), wie oft «eine 2 und eine 3» zu erwarten?
  B Wie ist das bei einem gewöhnlichen Würfel (W)?

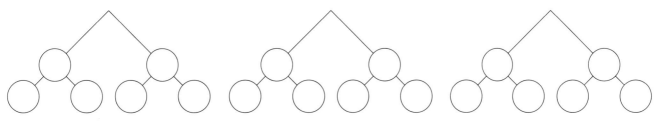

		(2|2)	(3|3)	eine 2 und eine 3
I	Z			
II	W			

C Warum ergeben die Zahlen einer Zeile zusammen weniger als 100?

_____

5 In dieser Tabelle gibt es Zeilen mit berechneten Zahlen und Zeilen mit Zahlen aus einem Wurfexperiment. Welche Zeilen sind das Resultat eines Experiments, welche Zeilen sind berechnete Erwartungswerte? Begründe!

	1	2	3	4	5	6
Z	11	90	27	31	103	17
Z	9	84	24	24	84	9
gewöhnlicher Würfel	100	100	100	100	100	100
gewöhnlicher Würfel	95	98	112	95	108	92

6 Hier ist als neues Wurfobjekt ein Quader mit den angegebenen Massen abgebildet. Für die Augenzahlen dieses Quaders wurden die Wahrscheinlichkeiten in der Tabelle berechnet.

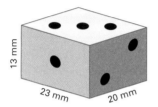

Augen	1	2	3	4	5	6
Wahrscheinlichkeit	0.11	0.06	0.33	0.33	0.06	0.11

A Wo liegt beim Quader die Augenzahl 4, wo die 5, wo die 6?

B Du sollst ein Wurfobjekt dreimal hintereinander werfen. Dabei soll je eine 1, eine 2 und eine 3 auftreten. Du kannst für den Versuch entweder den Quader oder einen gewöhnlichen Würfel wählen. Welches Wurfobjekt ist günstiger? Begründe!

C Berechne für beide Fälle in B die Wahrscheinlichkeit.

7 **A** Du wirfst drei gewöhnliche Würfel gleichzeitig. Wie gross ist die Wahrscheinlichkeit, dass die Augensumme 4 beträgt?

B Wie gross ist die Wahrscheinlichkeit, dass die Augensumme 5 beträgt?

C Beantworte die Fragen A und B, wenn nur zwei statt drei Würfel gleichzeitig geworfen werden.

8   A spielt gegen B. Sie werfen abwechslungsweise zwei gewöhnliche Würfel gleichzeitig. Man darf auf eines der beiden
     nächsten Felder vorrücken, wenn man die entsprechende Bedingung mit dem Wurf erfüllt. Vom Start aus kann
     man demnach erst weiterziehen, wenn man entweder die Augensumme 6 oder die Augensumme 4 würfelt. Spielt das
     Spiel mehrmals.

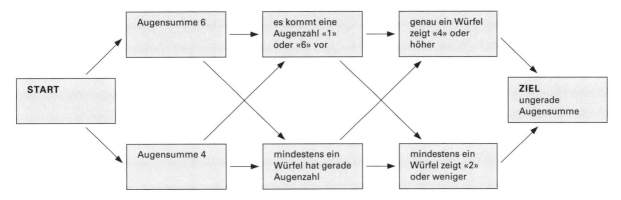

Gibt es einen optimalen Weg? Begründe!

9   Knabengeburten sind in Europa leicht häufiger als Mädchengeburten (etwa 0.517 gegen 0.483). Dennoch rechnen wir mit einer
     Wahrscheinlichkeit von $p = 0.5 = 50\%$.
     In der folgenden Tabelle sind von 20 zufällig ausgewählten Familien mit vier Kindern die Geschlechter in der Reihenfolge ihrer
     Geburt aufgeführt.

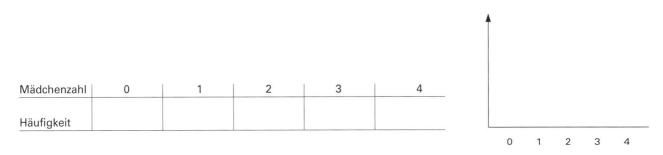

A   Zähle aus, wie oft 0, 1, 2, 3, 4 Kinder einer Familie Mädchen sind. Trage die Strichliste in die Tabelle ein.
     Stelle die Ergebnisse dann als Histogramm dar.

Mädchenzahl	0	1	2	3	4
Häufigkeit					

B   Berechne, wie oft bei 20 Familien mit vier Kindern theoretisch 0, wie oft 1, wie oft 2, wie oft 3 und wie oft 4 Mädchen zu
     erwarten sind. Das Baumdiagramm kann helfen.

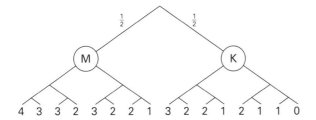

1   **Torwinkel**

1.1   Vom Punkt A aus sieht man das Tor unter einem Winkel von 50°. Ein Stürmer hat bei A einen Schusswinkel von 50° auf das Tor.

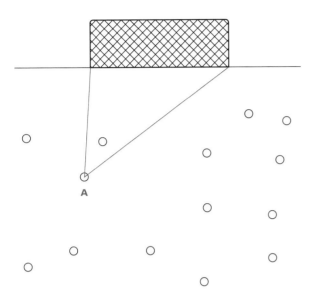

   A   Färbe alle gegebenen Punkte rot, von denen aus das Tor auch unter einem Winkel von 50° erscheint.

   B   Färbe weitere Punkte, die zu gleich grossen Torwinkeln gehören, mit je der gleichen Farbe.

   C   Gib zu jeder Farbe bei Aufgabe B einen weiteren Punkt mit dem gleichen Torwinkel an.

1.2   Ein Fussballtor ist 7 m 32 cm breit.

   A   Mache eine massstabgetreue Zeichnung und bestimme, wie gross der Torwinkel beim Elfmeterpunkt ist.

   B   Suche Punkte, die einem gleich grossen Torwinkel entsprechen wie der Elfmeterpunkt.

1.3   Ein Fussballtor ist 2 m 44 cm hoch.

   A   Warum gehen mehr Schüsse über das Tor als seitlich am Tor vorbei?

   B   In welchem Abstand vom Tor hat ein Spieler in der Höhe den gleichen Winkel wie der, den du bei Aufgabe 1.2 A gefunden hast?

2   **Beweisen**

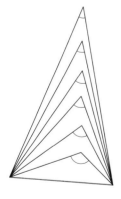 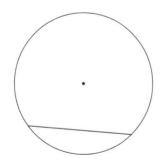 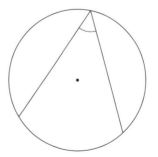 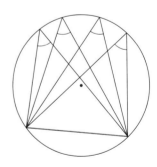

Du hast bemerkt, dass der Winkel, unter dem eine Strecke erscheint, vom Abstand abhängt.	**Eine Verbindungsstrecke zwischen zwei Punkten der Kreislinie heisst «Sehne».**	**Ein Winkel, dessen Scheitel auf der Kreislinie liegt, heisst «Peripheriewinkel».**	**Alle Peripheriewinkel über der gleichen Sehne sind gleich gross.**

Dass Peripheriewinkel über einer gemeinsamen Sehne gleich gross sind, war in Griechenland schon vor zweieinhalb
Jahrtausenden bekannt. Aber noch wesentlich älter ist das Wissen um einen wichtigen Spezialfall:
Die Peripheriewinkel über dem Durchmesser betragen alle 90°.
Der älteste Beweis dieses Gesetzes stammt wohl vom griechischen Mathematiker Thales von Milet. Darum nennt man den
Kreisbogen, auf dem die rechten Winkel über dem Durchmesser liegen, Thaleskreis.

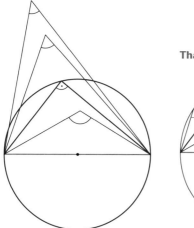
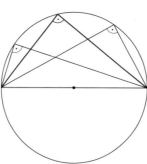

Thaleskreis

2.1   Hier steht eine «klassische» Beweisführung zum Satz des Thales.

   A   Beschreibe die Figur. Was ist an den beiden Teildreiecken besonders?

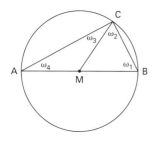

   B   Lies jede Beweiszeile I – V in normaler Sprache und schreibe daneben, warum das so ist.

I $\omega_1 + \omega_2 + \omega_3 + \omega_4 = 180°$ _____

II $\omega_1 = \omega_2$ _____

III $\omega_4 = \omega_3$ _____

IV $\omega_1 + \omega_4 = \omega_2 + \omega_3$ _____

V $\omega_2 + \omega_3 = 90°$ _____

«Quod erat demonstrandum» heisst «Was zu beweisen war».
Mit dieser Formulierung wurden seit dem Mittelalter Beweisführungen abgeschlossen.
Damit eine Beweisführung stichfest ist, muss jeder einzelne Schritt begründet sein. Begründet sein bedeutet:
Jeder Schritt muss auf andere, schon bewiesene Tatsachen zurückgeführt sein – oder unmittelbar einleuchten.

2.2   Versuche, die folgenden Behauptungen zu beweisen.

   A   Ein Drachenviereck, dessen Ecken auf einem Kreis liegen, hat zwei rechte Winkel.

   B   Ein Parallelogramm, dessen Ecken auf einem Kreis liegen, ist ein Rechteck.

   C   In einem rechtwinkligen Dreieck liegen alle Ecken gleich weit vom Mittelpunkt der längsten Seite entfernt.

3 Konstruktionen

3.1 Konstruiere zum Grundriss Punkte, die folgende Bedingungen erfüllen:

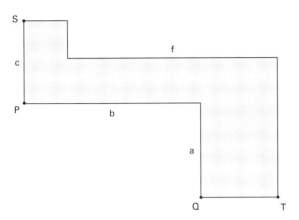

A Die Seite f soll unter einem Winkel von 90° erscheinen.

B Die Seite c soll unter einem Winkel von 90° erscheinen.

C Die Seiten a und b sollen zusammen unter einem Winkel von 90° erscheinen (Strecke $\overline{PQ}$).

D Die Strecke $\overline{PQ}$ soll unter einem stumpfen Winkel erscheinen.

3.2 Konstruiere zum Grundriss Punkte, die folgende Bedingungen erfüllen:

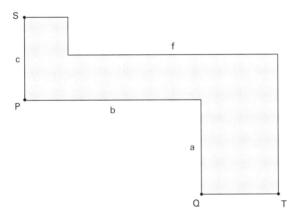

A Die Seiten a und b sollen je unter einem Winkel von 90° erscheinen.

B Die Seiten a und b sollen je unter einem spitzen Winkel erscheinen.

C Stellt euch gegenseitig weitere solche Aufgaben.

4 Winkel bestimmen

4.1 Schätze bei diesen Zifferblättern die Winkel zwischen Stunden- und Minutenzeiger.

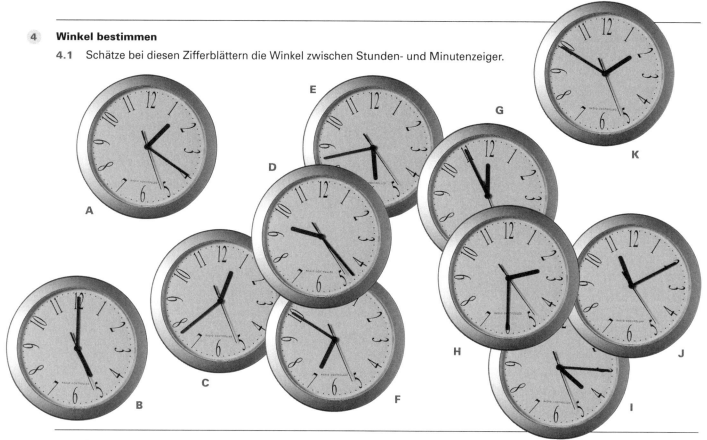

4.2 Berechne die Winkelgrössen in diesen regelmässigen Figuren. Die inneren Vierecke sind Rhomben.

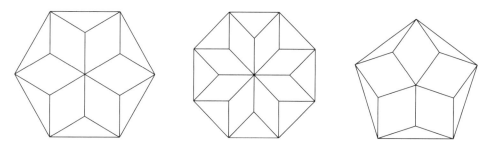

4.3 Berechne die Winkelgrössen in diesen regelmässigen Figuren. Die äusseren Vierecke sind Rhomben.

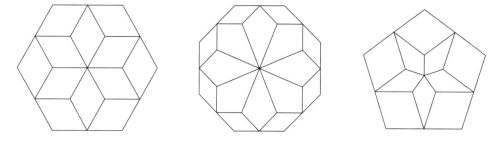

4.4 Hier wurden Figuren von 4.2 und 4.3 übereinander gelegt.

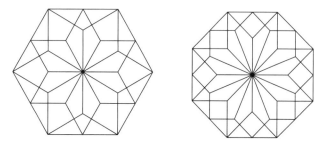

A Welche Figuren wurden verwendet?

B Berechne alle Winkelgrössen, die neu dazukommen.

1 Verschiedene Ansichten der Erde

1.1 Die Kugelgestalt der Erde lässt sich nicht genau auf einer Karte abbilden. Es wurden unterschiedliche Kartentypen entwickelt. Drei davon sind hier abgebildet. Vergleicht sie.

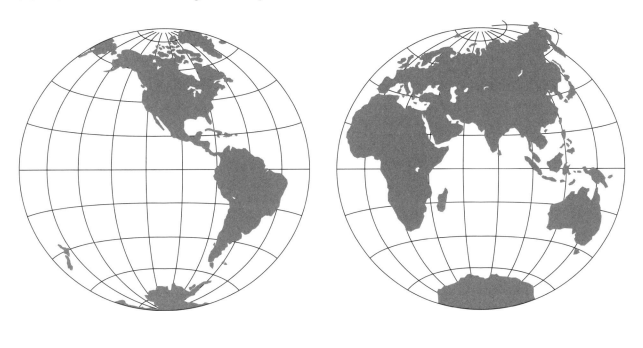

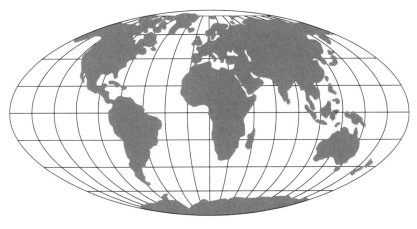

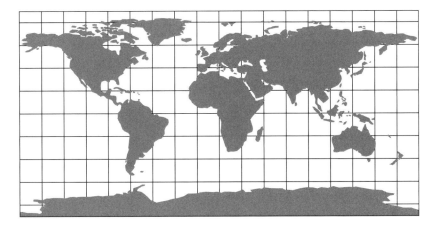

1.2 Trage die drei Rekordrouten auf den verschiedenen Weltkarten ein.
Markiere zur Orientierung auf allen Darstellungen wenn möglich den Äquator, den 180. Längengrad, die Schweiz und das Kap Hoorn.

2   **Distanzen schätzen, Geschwindigkeiten berechnen und vergleichen**

Tagebuch der Ballonfahrt

1. März: Der Ballon startet in Château d'Oex.

4. März: Vor ihnen liegt Ägypten. Bis jetzt wurden 4 000 km zurückgelegt.

5. März: Ägypten wird erreicht in einer Höhe von 6 400 m und einer Geschwindigkeit von 90 km/h.

8. März: Der Ballon ist über Indien.

9. März: China ist erreicht und wird in 14 Stunden südlich des 26. Breitengrades überquert.

12. März: Die Hälfte des Weges ist geschafft.

14. März: Der Ballon ist immer noch über dem Pazifik. Um 7.30 Schweizer Zeit wird der 180. Längengrad überflogen.

17. März: Nach 6 Tagen und 16 Stunden über dem Pazifik wird die Küste Mexikos erreicht.

19. März: Mit 155 km/h kommt der Ballon gut voran.

20. März: Der Ballon hat eine ganze Erdumrundung zurückgelegt.

21. März: Sanfte Landung in Ägypten auf 28.21° östlicher Länge und 26.9° nördlicher Breite.
             Piccard und Jones sind das erste Team, das die Welt in einem Ballon nonstop umrundet hat.

Regatta-Bericht

9. Nov.:   Startschuss

10. Nov.:   Zwei Teilnehmer mussten umkehren.

11. Nov.:   Im Osten des Regattafeldes liegt Spanien.

15. Nov.:   Ellen Mac Arthur liegt an der Spitze.

24. Nov.:   Die ersten Einhandsegler passieren den Äquator.

1. Dez.:   Tiefdruckgebiet in Sicht.

7. Dez.:   Vom Hoch- ins Tiefdruckgebiet, von Sommer zu Winter. Die Temperaturen fallen schlagartig.

8. Dez.:   Ellen Mac Arthur fährt nur wenige Meter an einem Eisberg vorbei.

15. Dez.:   Ellen ist um die halbe Erde gesegelt.

28. Dez.:   Allein mit Stürmen und Eisbergen.

29. Dez.:   Ellen überquert den 180. Längengrad.

12. Jan.:   Der Spitzenreiter am Kap Hoorn rechnet, dass die Fahrt bis ins Ziel nur noch 34 Tage dauert.

31. Jan.:   Ellen hat für kurze Zeit die Führung übernommen.

11. Feb.:   Der Franzose Michel Desjoyeaux kommt nach ca. 24 000 Seemeilen als Erster in Sables d'Olonne durchs Ziel.

12. Feb.:   Riesenempfang, Ellen Mac Arthur wird Zweite.

Reisetagebuch

Mike Horn startet sein Projekt am 3. Juli 1999 in Gabun. Er hat die Reise in 6 Etappen eingeteilt.

1. Mit dem Segelboot über den Atlantik von Gabun nach Brasilien:
6 700 km geplant in einem Monat, geschafft in 19 Tagen (4 210 Seemeilen).

2. Zu Fuss von Brasilien über Kolumbien nach Ecuador. 3 300 km geplant in sechs Monaten,
geschafft in 5 Monaten und 4 Tagen (3 626 km).

3. Mit dem Segelboot über den Pazifik via Galapagos nach Borneo. 16 900 km geplant in
2–3 Monaten, geschafft in 2 Monaten und 16 Tagen (8 685 Seemeilen).

4. Mit dem Segelboot durch die indonesischen Inseln, zu Fuss durch Borneo und Sumatra.
1 350 km geplant in 2 – 3 Monaten, geschafft in 2 Monaten und 7 Tagen (2 220 km).

5. Mit dem Segelboot über den indischen Ozean von Sumatra nach Somalia durch die Malediven.
6 300 km geplant in einem Monat, geschafft in 2 Monaten und 4 Tagen (3 927 Seemeilen).

6. Mit dem Mountainbike durch Somalia und zu Fuss durch Zentralafrika nach Gabun. 3 700 km geplant in sechs Monaten,
geschafft in vier Monaten (4 173 km).

1 Seemeile = 1.850 km

Markiert entsprechende Stellen im Text und bestimmt fehlende Distanzangaben mit dem Atlas.

2.1 Ballonrekord

A Berechne die Durchschnittsgeschwindigkeit des Ballons vom Start bis am 4. März.

B Über Ägypten fliegt der Ballon mit einer Geschwindigkeit von 90 km/h. Welche Strecke legt er bei diesem Tempo in 24 Stunden zurück?

C Wie lange würde die Fahrt dauern, wenn der Ballon die ganze Reise (43 000 km) mit 90 km/h fahren würde?

D Berechne die durchschnittliche Geschwindigkeit des Ballons beim Überqueren Chinas.

2.2 Formuliert zur Erdumrundung von Mike Horn Geschwindigkeitsberechnungen.

Tauscht eure Berechnungen aus und löst sie.

2.3 Einhandregatta

Die zurückgelegte Distanz beträgt 24 000 Seemeilen.

A Berechne die Durchschnittsgeschwindigkeit der schnellsten Segelboote

– vom Start bis zum Äquator,

– vom Start bis zum 180. Längengrad.

B Wie gross ist die Durchschnittsgeschwindigkeit, wenn vom Kap Hoorn bis ins Ziel (Küste Frankreich) 34 Tage gebraucht werden?

C Berechne die Durchschnittsgeschwindigkeiten.

Einlauf der ersten vier Konkurrenten:

1. Desjoyeaux   nach 93 d 3 h 57 min 32 s

2. Mac Arthur   nach 94 d 4 h 25 min 40 s

3. Jourdain   nach 96 d 1 h 2 min 33 s

4. Thiercelin   nach 102 d 20 h 37 min 49 s

3 Geschwindigkeiten darstellen und vergleichen

3.1 Im Diagramm ist die geplante Route von Mike Horn eingezeichnet.

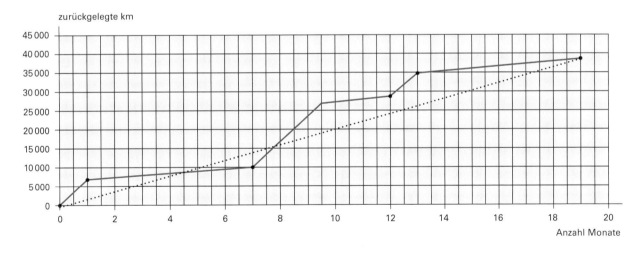

A Bei welcher Etappe ist die grösste Durchschnittsgeschwindigkeit geplant?

B Warum hat Mike für die einzelnen Etappen unterschiedlich viel Zeit vorgesehen?

C Was bedeutet die gepunktete Linie?

3.2 Zeichne den ungefähren Verlauf der wirklichen Reise von Mike Horn im Diagramm oben ein.

3.3 Vergleiche die Durchschnittsgeschwindigkeiten.

A Welche Reise hatte die höhere Durchschnittsgeschwindigkeit, die geplante oder die wirkliche?

B Welche Etappen wurden im Vergleich zur ganzen Reise überdurchschnittlich schnell zurückgelegt?

3.4 Zeichne die Ballonfahrt im Diagramm auf. Fehlende Distanzangaben musst du aus dem Atlas messen.

1. März: Start
4. März: Der Ballon ist über Ägypten.
8. März: Er überfliegt Indien.
14. März: Er überfliegt den 180. Längengrad.
17. März: Er erreicht die Küste Mexikos.
21. März: Landung in der ägyptischen Wüste.

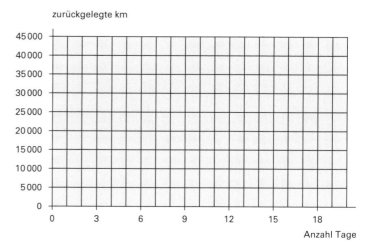

---

4 **Vergleiche**

Schätze fehlende Grössenangaben aus den Bildern ab.

Mach jeweils eine massstabgetreue Skizze, so dass der Grössenunterschied vergleichbar wird.

Vergleiche mit anderen bekannten Objekten.

4.1 Ballon Piccard   Traditioneller Heissluftballon

Höhe: 55 m
Gewicht: 8 100 kg

Die Ballongrössen sind recht unterschiedlich. Der kleinste Heissluftballon hat einen Inhalt von 900 m³ und kann damit nur einen Piloten und eine Gasflasche in die Höhe heben. Der grösste Schweizer Ballon hat einen Inhalt von 10 500 m³ und kann 21 Passagiere und den Piloten transportieren. Die meisten Ballone haben ein Volumen von 3 000 – 4 000 m³ und können 3–5 Passagiere mitführen.

4.2 «Kingfisher»   Finn: Traditionelles Einhandboot der Olympiaklasse

Länge: 18.28 m   Länge: 4.50 m
Masthöhe: 27 m   Masthöhe: 6.50 m
Gewicht: 8 600 kg   Gewicht: 140 kg
Segelfläche: 500 m²   Segelfläche: 10.5 m²

Inhalt

Arithmetik und Algebra A

Geometrie G

Sachrechnen S

Dank

Eine Manuskriptfassung des *mathbu.ch 8* wurde im Schuljahr 2001/2002 in etwa 25 Klassen in den Kantonen Aargau, Basel-Stadt, Bern, Freiburg, Luzern, St. Gallen und Solothurn erprobt. Autorinnen/Autoren und Verlage bedanken sich für die wertvollen Hinweise, welche Erprobung und Begutachtung erbracht haben. Die Erkenntnisse sind bei der Überarbeitung der Manuskriptfassung so weit wie möglich berücksichtigt worden.

Bildnachweis

Umschlag: Lara Conte. S. 17: oben: Bob Krist/Corbis; unten: Gail Mooney/Corbis. S. 89: «Riesenrad»: Paul Almasy/Corbis; «Planet Erde»: Viscom/mediacolors; «Zifferblatt»: Emanuel Ammon/Aura; «Fahrrad»: Hulton-Deutsch Collection/Corbis; «Rollstuhl»: Bob Krist/Corbis. S. 125: Fotos Bürgenstockbahn und Hammetschwandlift aus: Wandern im Land der Seilbahnen, Maihof Verlag, Luzern. Foto Fürigenbahn: Orientierungsschule Stansstad. S. 126: Ausschnitt aus der OL-Karte Hubenwald, 1:10 000, Äquidistanz 5 m, Herstellung und Vertrieb OLG Bern. Reproduziert mit Bewilligung des Vermessungsamtes des Kantons Bern vom 21. 5. 2003. S. 150: Eugen Jost, Thun. S. 164: a) S. Feval/Le Matin/Corbis Sygma; b) Royalty-Free/Corbis; c) «Kürbis» Joseph Sohm, ChromoSohm Inc./Corbis; d) Zedda Yvan/Corbis Sygma; e), f) Schweizerische Finnsegler-Vereinigung

Die Verlage haben sich bemüht, alle Inhaber von Nutzungsrechten zu eruieren, was leider nicht in allen Fällen gelungen ist. Sollten allfällige Nutzungsrechte geltend gemacht werden, so wird gebeten, mit den Verlagen Kontakt aufzunehmen.

Dieses Lehrwerk wurde mit dem Worlddidac Award 2006 für innovative und pädagogisch wertvolle Lehrmittel ausgezeichnet.

mathbu.ch
Arbeitsheft 8

Walter Affolter
Guido Beerli
Hanspeter Hurschler
Beat Jaggi
Werner Jundt
Rita Krummenacher
Annegret Nydegger
Beat Wälti
Gregor Wieland

Projektleitung:
Peter Uhr, schulverlag blmv AG
Marcel Holliger, Klett und Balmer AG

Lektorat:
Stephanie Tremp, Zürich

Illustrationen:
Brigitte Gubler, Zürich

Fotografie:
Stephanie Tremp, Zürich

Gestaltung und Satz:
Bernet & Schönenberger, Zürich

Bildrechte, Redaktionsassistenz:
Julia Bethke, Klett und Balmer AG

Korrektorat:
Terminus Textkorrektur, A. Vonmoos, Luzern

Lithografie:
Humm dtp, Matzingen

3. Auflage 2007 (2. Nachdruck 2009)

© schulverlag blmv AG, Bern, und
Klett und Balmer AG, Zug, 2003
Alle Rechte vorbehalten. Nachdruck, Vervielfältigungen jeder Art oder Verbreitung
nur mit schriftlicher Genehmigung der Verlage.

ISBN 978-3-292-00457-4 (schulverlag blmv AG)
ISBN 978-3-264-83800-8 (Klett und Balmer AG)